Petra Focke

# Impulse zum Nachdenken, Nachsinnen, Nachspüren

Petra Focke

# Impulse zum Nachdenken, Nachsinnen, Nachspüren

## 52 spirituelle Anstöße für jede Woche des Jahres

Fromm Verlag

**Impressum / Imprint**
Bibliografische Information der Deutschen Nationalbibliothek: Die Deutsche Nationalbibliothek verzeichnet diese Publikation in der Deutschen Nationalbibliografie; detaillierte bibliografische Daten sind im Internet über http://dnb.d-nb.de abrufbar.


Bibliographic information published by the Deutsche Nationalbibliothek: The Deutsche Nationalbibliothek lists this publication in the Deutsche Nationalbibliografie; detailed bibliographic data are available in the Internet at http://dnb.d-nb.de.


Coverbild / Cover image: www.ingimage.com

Verlag / Publisher:
Fromm Verlag
ist ein Imprint der / is a trademark of
OmniScriptum GmbH & Co. KG
Heinrich-Böcking-Str. 6-8, 66121 Saarbrücken, Deutschland / Germany
Email: info@frommverlag.de

Herstellung: siehe letzte Seite /
Printed at: see last page
**ISBN: 978-3-8416-0477-4**

## Einleitende Gedanken

Mein Orientierungssinn ist nicht sehr gut ausgeprägt, trotz Navi und Straßenkarte habe ich mich schon häufiger verfahren, verlaufen. Auch ein Kompass würde mir nicht unbedingt die Gewissheit geben, sofort den richtigen Weg zu finden. So muss ich eben immer wieder fragen, anhalten, mich orientieren, vielleicht auch mal Umwege in Kauf nehmen, umkehren, mir Zeit nehmen, um Gott ein Gesicht in meinem Alltag zu geben.

Das kann ich auch auf mein Leben übertragen: Mir sind Menschen lieb und wertvoll geworden, an denen ich mich orientieren kann, die mir Vorbild geworden sind, mit denen ich eine tiefe Verbundenheit spüre. Menschen, die ich um Rat fragen kann, die mir helfen, Licht im Dunkel der oft verworrenen Gedanken zu bekommen, Menschen, die mich begleiten und kostbare Weggefährten und Weggefährtinnen geworden sind. Ja – mit anderen unterwegs zu sein ist leichter, unterwegs zum gleichen Ziel.

Und – Glauben braucht Mut und Entschlossenheit und ist keineswegs bequem. Immer wieder machen sich Fragen und Zweifel bemerkbar, lässt mich ein Gedanke nicht los, wühlt mein Inneres auf. Ich glaube, wir brauchen ganz viel Ausdauer und immer wieder die Bereitschaft, dem Wort Gottes zu trauen, ihm zu vertrauen und darauf zu setzen, dass die Verheißung auf ein „Leben in Fülle“ auch eintrifft – auch dann eintrifft, wenn wir es gar nicht mehr zu hoffen wagen.

Glauben ist für mich mal immer wieder Gottes-Ferne und Gottes-Nähe, auch wenn es sehr widersprüchlich klingen mag. Es hat etwas mit Vertrauen zu tun, Vertrauen in fremde, mir nicht greifbare Möglichkeiten, in Gottes Möglichkeiten – somit ist Glauben immer ein Wagnis, ein Wagnis, dessen Bruder der Zweifel ist.

Mir ist in diesem Jahr ganz deutlich geworden, wie sehr das Kirchenjahr mein Leben auch innerlich beeinflusst. Ob Weihnachten, Karfreitag, Ostern, Christi Himmelfahrt und Pfingsten, Allerheiligen, Allerseelen, die Adventszeit – alle Feste mit ihrem jeweils unverwechselbaren Gesicht geben mir Lebensimpulse, die für ein gelingendes heilsames Leben wichtig sind. Sie zeigen mir einen Weg zu einem erfüllten Leben, damit ich mich entwickeln kann hin zu mehr Reife, Zufriedenheit und tiefem Verständnis zu meinen eigenen Geheimnissen in mir hin zu dem „großen Geheimnis Gott“, sich darauf einzulassen, und „mitten in der Nacht“ wieder neu anzufangen.

"Gott umarmt uns durch die Wirklichkeit" schrieb Pater Alfred Delp (1907-1945) kurz vor seinem Märtyrertod – lassen wir diesen Satz einmal in uns wirken. Die Wirklichkeit beginnt mit der Beziehung zu mir selbst, mit der Wahrnehmung dessen, was sich in mich zeigt und mich bewegt. Diesen Gedanken habe ich mit den vorliegenden Impulsen zum Nachdenken aufgegriffen. Mir ist es wichtig, in Berührung zu kommen mit Gottes Geist in mir, der sich auf vielfältige Weise zeigt: in den Fragen und Zweifeln, die immer wieder auftauchen; in der Unruhe meines Herzen; in der Sehnsucht nach Stille und Ganzheit; in dem Wunsch, Gott zu hören und seinen Willen zu erkennen; in der Hoffnung, Glaubensgefährtinnen und Glaubensgefährten zu finden, die ähnliche Fragen haben und sich durch ihr Zeugnis gegenseitig ermutigen den Weg des Glaubens zu gehen.

Denken Sie an die an die beiden Emmausjünger: Der Weg, auf den sie sich machen, ist kein Triumphmarsch, vielleicht haben sie sich sogar geschämt dafür, aber es war ihr Weg – der einzige, der für sie in dieser Situation möglich war. Doch Jesus findet sie! Für ihn gibt es keine Irrwege – er findet uns auch auf den Wegen, von denen wir oder andere meinen, dass sie falsch sind. Er kommt mit ihnen ins Gespräch. Noch erkennen die Jünger nicht, wer sie da begleitet, aber sie spüren wie dieser Fremde sie im Innersten anrührt und bewegt. *„Brannte uns nicht das Herz“*(Lk 24,32) – so drücken sie später das Besondere dieses Gespräches aus.

Vielleicht geht es manchen von uns auch so: sie sind eher auf dem Stück des Weges, wo sie Fragen stellen, wo sie nach Antworten für sich und das Leben suchen; vielleicht sind auch manche schon auf dem Stück des Weges, wo sie in ihrem Herzen fühlen, dass das Leben weitergehen kann – anders zwar, aber irgendwie trotzdem; vielleicht brennt bei einigen auch das Herz und sie können gar nicht schnell genug das weiter sagen, was sie bewegt, wovon sie berührt wurden.

Ich lade Sie, liebe Leserinnen und Leser ein, sich Zeit zu nehmen, die Woche mit einer kurzen Stille zu beginnen, die Gedanken auf sich wirken zu lassen, die vielleicht etwas anstoßen, die etwas bewegen, um dann den nächsten Schritt zu gehen. Dabei geht es um die Begegnung mit sich selbst, mit den anderen und auch mit Gott. Begegnung mit sich selbst geschieht, weil wir uns einige Minuten Zeit nehmen zur Ruhe zu kommen, für einen Moment auf sich selbst zu kommen, zu hören und mit sich selbst, den eigenen Gefühlen und Bedürfnissen konfrontiert werden – die Chance eine Insel im hektischen Alltag zu haben.

Begegnung mit den anderen geschieht dadurch, dass wir vielleicht durch den einen oder anderen Impuls miteinander ins Gespräch kommen, das Gefühl der Verbundenheit und Gemeinschaft, das Wir-Gefühl verspüren. Und schließlich geschieht auch Begegnung mit Gott, der in allem, was wir Menschen tun, bei uns ist und uns gerade n der Auseinandersetzung mit uns selbst begegnen will.

Wenn Gott uns braucht, dann ruft er uns. Und wenn er uns in einer besonderen Beziehung zu sich haben will, dann schenkt er uns seinen Geist, dann schenkt er sich uns – davon bin ich überzeugt! Manchmal wirkt der Geist Gottes ganz leise, in stillen, scheinbar unbedeutenden Momenten, manchmal kommt er laut und mit Brausen und „wirft einen fast um“. Das wünsche ich uns allen, Ihnen besonders, die sich von diesen Texten bewegen und berühren lassen: sich diesem schöpferischen, stillen, sanften, stürmischen Geist auszusetzen und ihn wirken zu lassen!

Vielleicht geht es manchen von uns auch so, sie sind eher auf einem Stück des Weges, wo sie Fragen stellen, wo sie nach Antworten für sich und das Leben suchen [illegible]

[illegible]

***Erfüllt von der Sehnsucht***
***nach mehr Tiefe und Weite***
***nach mehr Stille***

***Getragen von der Sehnsucht***
***nach mehr Aufgehobensein***
***nach mehr sich geborgen fühlen***

***Sehnsucht***
***nach Verstehen,nach Freundschaft,***
***nach Liebe, nach Anerkennung.***

***Sehnsucht nach Heilung,***
***nach Ganzsein,***
***nach Freiheit und***
***mehr Leben.***

***Und wo Sehnsucht sich erfüllt,***
***dort bricht sie noch stärker auf:***
***dass es so bleibe,***
***dass es nicht vorübergehe –***
***auf immer und ewig.***

***Sehnsucht,***
***verbunden mit der Hoffnung,***
***berührt zu werden von deiner Nähe,***
***mit der Zuversicht,***
***dich zu finden,***
***hier und jetzt.***

## Etwas zum Nachdenken, Nachsinnen, Nachspüren ...

### 1. Suchen, fragen, finden

Die letzten Monate haben mir deutlich gemacht, dass mein Glaube sich verändert, wenn ich meine Zweifel und Fragen in Worte fasse, wenn ich meine Erfahrungen zum Ausdruck bringe. Dann spüre ich, dass meine Sprache ins Stottern gerät, der Versuch das Geheimnis des Glaubens in Worte zu fassen, ist schwierig, sich fließend auszudrücken – mir gelingt es oft nicht. Vielleicht auch, weil sich das Wesentliche in Worten nie angemessen ausdrücken lässt; vielleicht, weil das Wesentliche, das Unfassbare und Unsagbare zwischen den Zeilen zu finden ist, im Zwischen-Raum.

Oft sind es ja die Zwischen-Räume, in denen Interessantes und Wesentliches passiert: zwischen den Zeilen, zwischen den Stühlen und natürlich zwischen Himmel und Erde. Erst wenn man das bedenkt, was nicht genannt wird, wenn man den Blick auf das richtet, was im Verborgenen liegt und auf das hört, was im Hintergrund mitschwingt, kommt man auf unvorhergesehene Ideen, neue Einblicke und zukunftsweisende Einsichten.

Die Grundlage meines Glaubens ist eine Ahnung; eine Ahnung, dass es sich anders lebt, wenn mein Lebensfaden mit Gott verstrickt ist.

Immer mehr entfremden dem Glauben; immer mehr entfernen sich von der Kirche; immer mehr glauben, auch ohne Gott auszukommen. Ich glaube, in Zukunft sind Menschen gefragt, die Zeugnis geben von der Hoffnung, die sie trägt, vom Vertrauen, das sie prägt, von der Sehnsucht, die sie bewegt. Gefragt sind Menschen, die selber nicht im Vordergründigen, im Oberflächlichen und Vielerlei aufgehen oder hängen bleiben, sondern dazu kommen und dann auch andere dazu bringen, über das Alltägliche hinaus zu fragen und zu hoffen und Gott zu suchen.

Ich glaube, dass Menschen, die Gott wirklich suchen, weil sie ihn lieben, weil sie tiefe Sehnsucht in sich spüren und ihre Hoffnung auf ihn setzen, ihn auch finden können, vielleicht nicht nur in den dafür vorgeschriebenen und vorgesehenen Räumen, sondern vielleicht gerade dort, wo sie es vielleicht selbst nie für möglich gehalten hätten. Und dass wohl nur Menschen ihn finden können, die nicht schon alles wissen und noch nicht bei den Fertigen sind, sondern auch noch suchen und fragen, sich bewegen lassen können, aufbrechen und sich auf den Weg machen.

Mir geht es jedenfalls so: genau darin erfahre ich Wandlung: durch mein Suchen und Fragen, durch mein Unterwegs-Sein wandelt sich viel, werden feste Glaubensinhalte in mir zerbrochen, treten so manche Irritationen und Zweifel auf, spüre ich aber ebenso einen Hunger und eine Sehnsucht nach etwas, das sich nie aufbraucht. Ich glaube, meine Sehnsucht ist größer als alle meine Fragen und Nichtantworten.

Wenn das Evangelium wirklich nicht nur Erzählung von früher ist, sondern immer noch Gottes Wort heute – an uns, Wort unseres Herrn Jesus Christus in unsere Zeit hineingesagt und uns zugesagt, dann dürfen wir darin seine Aufgabe und seine Zusage auch an uns hören.

Die Aufgabe: Menschen für ihn zu gewinnen, und zwar dort, wo er uns hingestellt hat, in der Familie, in der Gemeinschaft, bei Kollegen und im Freundeskreis, an diesen Orten Menschen für Gott begeistern.

Und die Zusage: dass er uns dazu auch begabt und beschenkt hat, um es wagen zu können, indem wir ganz einfach von IHM erzählen und von den guten Erfahrungen, die wir mit ihm gemacht haben!

## Etwas zum Nachdenken, Nachsinnen, Nachspüren ...

### 2. Täglicher Spagat zwischen Besinnlichkeit und Betriebsamkeit

Die Adventszeit fordert uns immer wieder heraus, stellt viele Menschen immer wieder vor einer Zerreißprobe. Zum einen soll diese Zeit eine besinnliche sein, zum anderen jedoch gibt es kaum eine Jahreszeit, in der so viel in so kurzer Zeit erledigt werden muss. Neben der Hetze nach den vielen Geschenken, dem leckersten Weihnachtsbraten und schönsten Christbaum zerrinnt die Zeit, die einem bleibt, um darüber nachzudenken, was an Weihnachten passiert ist, warum Advent gefeiert wird.

Advent ist das sehnliche Erwarten des Retters der Erde, der anderen Zeit, die mit ihm anbricht, die nicht enden wollende Hoffnung, dass Frieden möglich ist. Eigentlich sollte man voller Vorfreude die Adventszeit erleben und sie sollte einen ausfüllen, ja erfüllen – eigentlich!

Uneigentlich schleicht sich mir manchmal der Verdacht ein, dass man voller Vorfreude ist, dass das „frohe Fest" bald vorbei ist, weil danach wieder Ruhe einkehrt. Eine verkehrte Welt?! Wenn Weihnachten nur noch an den äußerlichen Dingen gemessen wird, dann kann man in der Tat froh sein, wenn der ganze Stress vorüber ist. Wenn man sich aber Zeit nimmt für die leise Weihnacht, die einen berührt, weil ein Kind die Welt verändert hat und man voller Vorfreude auf dieses Ereignis zugeht, dann weiß man, wie gut es ist, jedes Jahr wieder sich daran zu erinnern und dieses Ereignis zu feiern.

Der Spagat zwischen Besinnlichkeit und Betriebsamkeit wird sich sicher nie ganz auflösen lassen, davon bin ich überzeugt.

Aber – daher gilt es, sich bei aller Aktivität eine innere Gelassenheit zu bewahren und so wie es Lukas im Sonntagsevangelium sagt: „Lasst euch von den Sorgen des Alltags nicht verwirren!" (Lk 21,34).

Advent kann heißen: Einfach sein dürfen und sich eine innere Gelassenheit bewahren! Sich weder vom Glühwein auf dem Weihnachtsmarkt noch vom Glück des kleinen oder großen Konsums betäuben lassen, sich nicht anstecken lassen von dem „Immer mehr und größer“ werdenden Geschenken, sondern einfach die Botschaft des Lichtes wahrnehmen und das Leuchten der Adventskerze in Ruhe und Stille betrachten - das ist mein Wunsch für die nun vor uns liegende Zeit.

**Etwas zum Nachdenken, Nachsinnen, Nachspüren ...**

## 3. Innenraumpflege im Advent

Für viele Menschen ist die Adventszeit gefüllt von den verschiedensten Vorbereitungen – äußerlich. Sie kann aber auch aufrufen, meinen inneren Raum zu pflegen, meine Seele einfach mal baumeln und Gedanken fließen zu lassen. Raumpflege im Advent möchte einladen, sich innerlich vorzubereiten, den „inneren Raum zu pflegen", innezuhalten und sich auf diese Weise einzustimmen auf die Geburt eines Kindes, das die Welt verändert.

Vor über 2000 Jahren war dies die Voraussetzung, dass einige Menschen in einem kleinen Kind, das unter ärmlichen und schwierigen Umständen geboren wurde, den Sohn Gottes erkennen konnten. Gott, den wir nicht beschreiben, nicht definieren können – er ist so verwundbar und schutzlos wie ein Kind. Dieser kleine und doch so große Gott stellt alle Erwartungen auf den Kopf.

Stille kommt von „stehen bleiben". Es braucht Mut, stehen zu bleiben, mich mit all dem, was in mir auftaucht, auszuhalten, nicht davonzulaufen. Ich höre meine Gedanken, die wie ein Karussell im Kreis herum fahren; ich höre die Termine, die sich in mir überschlagen; ich höre Menschen, die etwas von mir erwarten; ich höre meine eigenen Ansprüche, die wollen, dass ich alles perfekt mache. Und dann – still werden?!

Still werden heißt: stehen bleiben, mit sich in Berührung kommen, berührt zu werden. Es liegt an mir, zu entscheiden, ob ich es mir selbst wert bin, mir eine Zeit der Ruhe und Stille zu gönnen und dafür etwas anderes liegen zu lassen.

Das Kind in der Krippe ist nicht klein geblieben. Dreißig Jahre nach den Ereignissen in Bethlehem geht Jesus selbst zu den Menschen und verändert sie, verändert Menschen bis auf den heutigen Tag.

Auch wenn das Rad der Welt sich in dieser Zeit schneller zu drehen scheint und wir in diesen Strudel hineingeraten, ist es ein Versuch wert, an der einen oder anderen Stelle den gewohnten Ablauf zu unterbrechen, stehen zu bleiben und sich eine Zeit für sich zu gönnen, seinen inneren Raum zu pflegen und wertzuschätzen!

Einmal am Tag innehalten – nur kurz.
Einmal am Tag durchatmen und sich beschenken lassen:
von einem biblischen Wort, einem ansprechenden Bild
und einem aktualisierenden Text, der die biblischen frohmachende Botschaft
im Hier und Heute erspüren lässt.
Ich wünsche uns allen eine gesegnete Adventszeit!

## Etwas zum Nachdenken, Nachsinnen, Nachspüren ...

### 4. Die Sehnsucht Gottes nach dem Menschen

„Alles beginnt mit der Sehnsucht“ – diese Worte der Dichterin Nelly Sachs (1891-1970) klingen immer wieder in mir nach. Anerkennung, Wertschätzung, Zuneigung, Nähe, Freundschaft, Liebe – danach und nach viel mehr sehne ich mich und ich glaube, niemand unter uns, der ohne solche Erfahrungen glücklich und seines Lebens froh werden könnte.

Aber auch das Weitere, das die Dichterin ausführt, spüre ich gerade in den letzten Wochen in mir:

„„... immer ist im Herzen Raum für mehr, für Schöneres, für Größeres...
Und wo Sehnsucht sich erfüllt, dort bricht sie noch stärker auf.“[1]

Wann immer wir ein Ziel erreichen, wie viele Wünsche auch immer sich uns erfüllen, und wäre es das Größte, das die Erde zu bieten hat – es wäre zu wenig, es würde unsere Sehnsucht nicht restlos stillen. Es wäre, wie die Dichterin sagt, „im Herzen (immer noch) Raum für mehr, Schöneres, Größeres“.

Aber – die Sehnsucht Gottes nach uns Menschen? Wie soll das sein können? Gott hat Sehnsucht nach uns Menschen?! Dieser Gedanke hat mich zunächst irritiert, aber je länger ich darüber nachsinne, umso mehr Freiheit in mir schenkt mir diese Vorstellung.

Denn wäre Er Mensch geworden, wenn nicht tatsächlich auch in Ihm eine solche Sehnsucht nach uns, nach jedem einzelnen von uns lebendig wäre?

---

[1] Hilde Domin: Sämtliche Gedichte; 6. Aufl., Fischer Verlag, 2013.

Ein Gedanke, der mich entlastet, vor allem von meinem Leistungsdenken, von dem Wunsch geliebt zu werden und dafür alles zu tun ... ich bin geliebt ... Gott ist Mensch geworden, weil ER Sehnsucht hat nach mir! Im Grunde ist es ein genialer, ein atemberaubender Gedanke: ein Gott, der Sehnsucht nach dem Menschen hat!? Nicht weil er den Menschen braucht, sondern schlicht und einfach, weil er die Menschen liebt!

Können Sie sich vorstellen, dass Gott Sehnsucht nach Ihnen hat? Es lohnt sich, sich einmal auf diesen Gedanken einzulassen und sich zu sagen: Soviel bin ich vor Gott wert, dass er sich nach mir sehnt!

Das ist die Hoffnungsbotschaft und/oder die Frohe Botschaft in dieser Zeit: Gottes Sehnsucht zu uns treibt ihn dazu, sich ganz klein zu machen und zu uns zu kommen, er sehnt sich nach unserer Nähe – zu mir, zu dir – wird spürbar durch Menschen, mit Menschen, in Menschen!

## Etwas zum Nachdenken, Nachsinnen, Nachspüren ...

### 5. Menschwerdung – ein lebenslanger Wachstumsweg

Mir ist in diesen Tagen ganz deutlich geworden: Leben ist nur im Ausnahmefall Weihnachten. Über weite Strecken ist Leben Advent: eine Zeit des Übergangs, der nachdenklichen Rückschau und der Erwartung. Viel lebensnäher, realistischer als der volle Lichterglanz der Weihnachtsbäume ist das Adventslicht, die manchmal so schwach flackernde Flamme der Adventskerze.

Die Lichterfülle, die in diesen Tagen aufscheint, ist schön, aber sie wochenlang leuchten zu lassen, geht am Leben vorbei. Mein Leben ist ein Unterwegs-Sein irgendwo zwischen Erfüllung und Enttäuschung, irgendwo zwischen Krippe und Kreuz. Leben ist ein Suchen, manchmal ein Tasten, meistens ein Werden, Wachsen, Wünschen und immer auch das: ein Abschiednehmen, ein Vergehen und ein Vermissen, eine Sehnsucht nach „Mehr". Leben ist nicht nur „Schwarz" oder „Weiß", nein – es leuchtet in allen Farben und Nuancen, immer wieder in Grautönen erfahrbar oder anders zum Ausdruck gebracht, Leben besteht aus vielen Zwischentönen und Zwischenmelodien.

Menschwerdung, das ist ein lebenslanger Prozess, ein lebenslanger innerer Wachstumsweg: Ich-selbst-Sein, Mensch-Sein, mich annehmen mit meinen Gaben und mit meinen Grenzen, mit meinen Begrenzungen, und mit meiner Verletzlichkeit. Mensch-Sein bedeutet für mich, ganz ich selbst sein zu können, so wie ich derzeit bin, mit allen meinen guten und schlechten Erfahrungen, mit meiner Geschichte, die mich geprägt hat und die mich so hat werden lassen, wie ich bin.

Mensch werden, Menschwerdung heißt auch in diesem Jahr aufs Neue: zu mir kommen, mich spüren, meiner selbst bewusst zu werden.

Ich darf auch Fehler machen, ich darf auch manchmal nicht gut drauf sein, ich darf auch zeigen, dass ich keine Maschine bin, sondern ein Mensch. Als Mensch angenommen fühle ich mich dort, wo dieses mein „Ich" angenommen wird und wo auch ich gelernt habe, das „Du" des anderen stehen zu lassen und anzunehmen. In diesem wechselseitigen Angenommen-Sein darf ich geborgen sein und ich darf mich verändern, von innen heraus: Ich darf die Menschwerdung an mir selbst erleben.

Ja, es ist wirklich ein Abenteuer, Mensch zu sein: einen Weg zu finden zwischen Vertrauen und Verzweiflung, zwischen Liebe und Zerstörung, zwischen Glauben und „Alles-In-Frage-Stellen", zwischen jubelnder Freude und einer Traurigkeit, die mich ganz erfüllt – eben ein Weg zwischen Krippe und Kreuz. Bei all meinen Fragen, meinen Zweifeln haben mich in diesen Tagen die Worte von Dorothee Sölle (1929-2003) berührt: „Entscheidend im Leben ist, dass wir immer schon Gefundene sind!" Ja – die Botschaft von Weihnachten bestärkt zum Leben und ermutigt, das Leben in seinen vielen Schattierungen und in seiner ganzen Bandbreite wahrzunehmen.

## Etwas zum Nachdenken, Nachsinnen, Nachspüren ...

### 6. Die Tage zwischen den Jahren

Ich nehme die Tage „zwischen den Jahren“ gern zum Anlass Rückblick zu halten, über mein Leben nachzudenken, mache sozusagen eine Art „Bestandsaufnahme“. Dankbar auf das zu schauen, was gewesen und geglückt ist, was mir gelungen ist, auf das zu blicken, was mir geschenkt wurde und ebenso das im Blick zu nehmen, was unfertig ist, wo sich vielleicht Veränderungen ergeben.

Für mich lädt ein Jahreswechsel auch dazu ein: zum Fassen von Vorsätzen, Verwirklichen von Wünschen – es soll nicht nur ein neues Jahr werden, es soll auch im neuen Jahr einiges neu werden, sich verändern. Auch – wenn ich weiß, dass sich nicht alle Vorsätze umsetzen lassen, sind Vorsätze doch etwas Statisches, die dem Wegcharakter meines Lebens nicht gerecht werden.

Folgende Fragen kommen mir in den Sinn: Welches waren die großen Ereignisse? Wofür bin ich dankbar? Ich schaue auf Freundschaften, Beziehungen, auf gewonnene und verlorene Nähe. Welche Veränderungen haben sich ergeben? Was ist mir wichtig und deutlich geworden? Gehe ich den Weg, den ich gehen will?

In mir sind oft viele Gedanken, zwiespältig, zweifelnd, in Frage stellend, nur in meinem Kopf herumschwirrend, oftmals belastend und schwer auf der Seele liegend. Das Denken, der Gedanke ermöglichen uns Begegnungen mit anderen Welten, anderen Zeiten, sie ermöglichen uns Begegnungen mit Menschen, sie ermöglichen uns über die Gegenwart hinaus in die Vergangenheit zurückzublicken wie in die Zukunft zu schauen. So unsichtbar und oft flüchtig Gedanken auch sein mögen, sie beeinflussen unser Denken, mein Denken und prägen es als bewussten Erfahrungsschatz. Gedanken sind – so gesehen – Fenster, die Licht in unsere „hauseigene“ Dunkelheit bringen. Ich habe manchmal jedoch den Eindruck, dass meine Gedanken nicht immer „Licht“ bringen, sondern manches eher erschweren.

Ich weiß, mein Denken, die vielen Gedanken, die in mir sind, die ich immer wieder auch schriftlich zum Ausdruck bringe, lassen mich oft nicht zur Ruhe kommen. Immer wieder muss ich bewusst die „Gedanken-Schallplatte“ anhalten, damit ich nicht darin „hängen bleibe“, damit ich aus dem Gedankengeschwader heraus treten kann.

Ich bin eine Frau, die gerne plant, die feste Strukturen liebt. Jedoch – Leben ist so ganz anders, nicht immer planbar und vorhersehbar: Es gibt immer wieder Dinge, die ich genau geplant habe, aber die dann ganz anders gekommen sind. Ich lebe „vorwärts“, kann vieles nur „rückwärts“ erkennen und im Nachhinein gibt es vieles in meinem Leben, an dem ich erkenne, dass Gott mein Leben führt – und zwar zum Guten hin, das darf ich ganz dankbar sagen.

Vertrauen – ist für mich ein Lebensthema: Vertrauen können, Vertrauen zulassen, sich anvertrauen, sich öffnen, Mensch-werdung erleben und „Heil-ung“ erfahren – Schritt für Schritt! Auf Gott vertrauen, weil bestimmte Dinge eingetroffen sind, das dankbar zu sehen, mehr und mehr wahrzunehmen, das wird mir immer deutlicher.

## Etwas zum Nachdenken, Nachsinnen, Nachspüren ...

### 7. Natürlicher Übergang

Mit dem Neuen Jahr machen wir oft einen Schnitt: Das alte Jahr ist vorbei, das Neue fängt an – Schlag Mitternacht am 31.12. beginnt der 1.1. und damit das Neue. Deutlich wird es ebenso bei der Jahresendabrechnung, bei dem Jahresbericht, bei der Statistik: Da ist der Zeitpunkt klar, wann das Alte aufhört und wann neu angefangen wird. Das kennen wir jedoch alle: die Endabrechnung ist nie genau am Jahresende fertig, immer wieder kommt es vor, dass wir etwas mit in das neue Jahr nehmen und richtig fertig und abgeliefert wird sie dann vielleicht erst im Februar.

Der Schnitt zu Neujahr hat immer etwas Willkürliches, nicht unbedingt etwas Natürliches. So ein neues Jahr ist einerseits wie so ein weißes Blatt, aber andererseits auch immer schon beschrieben, von früherem vorgeschrieben und beeinflusst.

Eben nicht vollkommen weiß und unbeschrieben, da sind angefangene Sätze meines Lebens, die noch fertig geschrieben werden wollen – so erlebe ich es jedenfalls. Das neue Jahr ist auch im Übergang vom Alten ins Neue und das Alte ist nicht vollkommen abgelegt und zu Ende – nur datumsmäßig ist es vollendet, beendet.

In der Natur sind die Übergänge fließend und wir nehmen sie oftmals gar nicht wahr. Wachstum erfolgt im Stillen, ist nicht sichtbar. Und Wachstum heißt unfertig sein, heißt im Übergang sein. Ich habe es gerade wieder erlebt, dass meine Gedanken ganz langsam und allmählich reifen und wachsen, dass sie Gestalt annehmen, dass etwas deutlich und spürbar wird – auf einmal wird dann etwas konkret, was langsam in mir gewachsen ist und ich kann einen Schritt weiter gehen, etwas vollziehen, was in mir beständig gewachsen ist.

Manchmal sind nicht unbedingt die Veränderungen selbst – freiwillig gewählte oder aufgezwungene – beängstigend und erfordern unsere Kraft. Es ist vielmehr die Einstellung, die wir Neuem gegenüber oft einnehmen. Gedanken wie „Das schaffe ich nicht!“, „Ich weiß nicht, was werden soll“, „Wie soll es nur weitergehen?“ machen uns zu schaffen, erzeugen Angst und Unsicherheit.

Wachstumsprozesse benötigen Zeit und Geduld – und damit tun wir uns oftmals sehr schwer. Wir möchten die Zwischenstufen, die Übergänge überspringen. Wir leiden voller Ungeduld darunter, zu etwas Unbekanntem, Neuen unterwegs zu sein und das, obwohl wir genau wissen, dass der Weg über das Unbeständige, über das Ungewisse in die Gewissheit führt und dieser Übergang dauert, erfordert Geduld und Zeit.

Dass wir Geduld haben, mit uns, mit den anderen, mit dieser Welt im Werden, im Vergehen und im Übergang in aller Ungewissheit und aller Unfertigkeit, wünsche ich uns allen zu Beginn des Jahres.

***Segen zum Neuen Jahr:***

***Gott segne das Vergangene –***
***die Zeit, die hinter uns liegt.***
***Er bewahre alle schönen Erinnerungen***
***in unseren Herzen und***
***sammle auch die dunklen Zeiten in seinem Licht.***

***Er segne, was vor uns liegt.***
***Er schenke uns wache Augen für den Augenblick.***
***Er begleite uns bei unserer Arbeit***
***und gebe uns die notwendige Kraft.***
***Er schenke uns ein ruhiges Herz***
***und Freude über das, was gelungen ist.***
***Er bewahre uns vor einem schlechten Gewissen,***
***wenn wir uns ausruhen und uns entspannen.***

***Der wegbegleitende Gott***
***segne unsere Zeitlichkeit,***
***und er segne uns mit der Gewissheit,***
***dass wir für die Ewigkeit bestimmt sind –***
***auf ein Leben in Fülle für immer!***

**Etwas zum Nachdenken, Nachsinnen, Nachspüren ...**

## 8. Mit der Zeit gehen

Nur wenige Wochen ist das neue Jahr nun alt, die Weihnachtszeit ist vorüber, die Weihnachtsbäume abgeholt, Vorsätze für das neue Jahr wurden gefasst; schon vergessen oder noch hochaktuell?!

Mit der Zeit gehen – ein eigenartiger Ausdruck, der mich gerade zum Innehalten gebracht hat. Ja – wie oft ist es uns ein Anliegen, „mit der Zeit zu gehen“ - mit der Mode, das, was gerade „in“ ist, im Urlaub zu fahren, das neueste Smartphone zu haben, so tun als ob ich „mithalten könnte“, so dass die Außenfassade stimmig erscheint.

Mit der Zeit gehen – wie banal das auch klingen mag, umso schwieriger ist die Umsetzung. Eine freie Woche auf Wangerooge, eine nach-denkliche, ge-danken-reiche und innerlich so wie äußerlich stürmische, aufwühlende Zeit liegt hinter mir: freie Zeit zum Nachdenken, Nachspüren, viele Gedanken waren in mir, Gedanken, die mich in die Vergangenheit geführt haben, Gedanken, die in die Zukunft versucht haben zu blicken.

Und dann höre ich die Worte des Lyrikers Andreas Knapp und spüre plötzlich, mitten im Gottesdienst, wie einfach leben sein kann, wie tief und berührend:

wie tief
muss ich untergetaucht werden
bis ich dem leben
auf den grund komme ...[2]

und die Wogen in mir wurden ein wenig geglättet: Leben ist „Leben im Hier und Jetzt!“. Ich kann nachdenken, mir Gedanken machen, planen, wünschen, Sehnsüchte haben – und dabei den Augenblick vergessen, aus den Augen verlieren.

[2] Weiter als der Horizont; Gedichte über alles hinaus von Andreas Knapp; 6. Aufl., Echter Verlag, 2009.

Wenn Zeiten kommen, auf die ich nicht so programmiert war oder wenn sie anders kommt, als ich sie programmiert habe, dann muss ich schauen und unterscheiden, ob ich die Dinge ändern kann oder muss.

Lautlos fließt die Zeit wie ein Strom und meine Lebenszeit fließt mit. Ich kann diesen Strom nicht an- oder aufhalten. Auch dann nicht, wenn ich die glücklichen, schönen Momente in meinem Leben am liebsten festhalten möchte. Wer wollte das nicht? Und ist es nicht gerade so, die schönsten Stunden vergehen im Fluge, die ungefüllten, langweiligen scheinen eine Ewigkeit lang nicht zu vergehen?

Wir meinen oft, wir müssten, wir könnten die Welt retten, unsere kleine Welt, unser Unternehmen, die Firma, die Gemeinde, die Kirche. Alles hängt von mir ab - wir sind gehetzt, getrieben von unserer Leistung, überall erreichbar. Wir sind überall, nicht bei uns. Nicht selten erschöpft, ausgelaugt, unzufrieden. „Wer die Zeit bekämpft, bekämpft nicht die Zeit sondern sich selbst. Wer behauptet, die Zeit rase, rast selbst. Wer die Zeit in den Griff nimmt, nimmt sich selbst in den Griff. Wer Zeit verliert, verliert sich selbst“ – habe ich in diesen Tagen gelesen.

Was hemmt uns eigentlich so oft, mit der Zeit zu gehen? Wer mit der Zeit geht, kann ja nicht anders, als in der Gegenwart zu leben; und das wollen wir doch eigentlich! Um wirklich im Jetzt zu leben und auch für Neuland offen zu sein, braucht es aber immer wieder die Bereitschaft, loszulassen, die Bereitschaft, Vergangenes oder Überholtes zu verabschieden, Unabänderliches gut sein zu lassen, Konventionen und Gewohnheiten hinter uns zu lassen und mehr auf seine innere Intuition zu achten. Gott gibt uns die Zeit als wertvolles Geschenk, und wir sollen sie uns nehmen für die wirklich wichtigen Dinge im Leben. Nicht in der Vergangenheit verhaftet sein oder der Zukunft zugewandt. Nein: Leben heute, leben im Hier und Jetzt, leben im Augenblick.

## Etwas zum Nachdenken, Nachsinnen, Nachspüren ...

### 9. Worte, die berühren!

Es werden immer wieder viele Worte gemacht: Ich denke dabei an den Jahreswechsel, an Ansprachen von Politikern, es gab mahnende und bedächtige Worte, es gab auch ganz einfache und herzliche Worte. Viele Worte, die im Laufe eines Tages, einer Woche, eines Jahres gesprochen werden, sind schnell wieder vergessen. Viele Worte sind leeres Gerede, viele Worte sind ohne Tiefgang, wieder andere Worte sind am Ende doch nichts sagend, einfach so dahingesagt, manchmal recht gedankenlos und oberflächlich. Und was bleibt davon?

Aber – es bleiben manche Worte auch ein Leben lang in Erinnerung. Manchmal fällt einem zufällig wieder ein Wort ein, das jemand gesagt hat, manchmal sind es auch die unfreundlichen Worte, die verletzenden Worte, die hängen bleiben, die Wunden schlagen und die Narben hinterlassen. Jedes gesprochene Wort bleibt gesprochen, ob es ankommt oder nicht. Ich kann es nicht mehr ungesagt machen, ich kann es zwar der Form nach zurücknehmen, wenn es ein falsches oder verletzendes Wort war, aber es ist wie ein abgeschossener Pfeil, der auch nicht mehr einfach zurückgeholt werden kann.

Ebenso gilt das auch für geschriebene Worte: Ich habe auf meinem Schreibtisch noch ein Brief liegen, von einer Freundin geschrieben. Diese Worte haben mich getroffen, verletzt und stehen seit dem zwischen uns. Oberflächlich sind wir uns wieder begegnet, haben miteinander gesprochen – in mir sind diese geschriebenen Worte jedoch noch so lebendig, innerlich habe ich damit noch nicht abgeschlossen und es braucht Zeit, versöhnende Worte, Worte, die uns innerlich wieder aufeinander zugehen lassen.

Ein Buch von David Steindl-Rast, Benediktinermönch über das „Credo“[3], über unser Glaubensbekenntnis, hat mich tief angesprochen; viele Worte über den Glauben tief in mir eingeschrieben.

Unser Glaube lebt vom Wort, von Gottes Wort. „Spricht nur ein Wort, so wird meine Seele gesund“ (Mt 8,5), so beten wir mit dem Hauptmann von Kapernaum. Er vertraute darauf: Was Jesus sagt, das wirkt.

Worte, die mir zeigen, dass ich dazugehöre, dass ich gemocht werde, dass ich geliebt werde, die tun mir gut, die geben meinem Leben einen Sinn. „Ich hab Dich lieb! Ich freue mich, dass Du da bist! Dass Du mich anschaust!“ – wie wohltuend sind diese Worte. Es gibt Menschen, die mit wenigen Worten mein Herz erreichen, ganz unaufdringlich, deren Nähe wohltuend ist, die da sind zur rechten Zeit, die um mich wissen, die zuhören können, mit verständnisvollem Herzen, die stärken und ermutigen. Wie gut, wenn sie mir auch Rückmeldung geben, wo ich lernen kann, mich verändern muss und wenn sie das liebevoll tun.

"Ich liebe Dich". Sprich nur ein Wort und die Welt, mein Leben verwandelt sich. „hdl“ – hab dich lieb, diese drei kleinen Buchstaben, die wir uns mit dem Handy "simsen", können ebenso große Bedeutung gewinnen, wenn sie ernst gemeint und nicht einfach als Floskel dahingeschrieben sind. Wie viele warten sehnsüchtig auf den Moment, diese Worte nur einmal zu hören, und alles wird anders. Du bist mir wichtig. Ich bin für dich da. Worte der Liebe, der Annahme, der Bejahung sind Gottes Worte, die wir einander zusprechen und haben eine berührende Kraft und Intensität!

---

[3] David Steindl-Rast: Credo; Ein Glaube, der alle verbindet; Herder Verlag, 2010.

## Etwas zum Nachdenken, Nachsinnen, Nachspüren ...

### 10. Gemeinsam – einsam?

Es gehört zur Tragik unserer hochtechnisierten Gesellschaft, dass wir noch nie so viele Kommunikationsmöglichkeiten hatten und doch – oder gerade deswegen – so viele Menschen vereinsamen. „Einsamkeit und das Gefühl, unerwünscht zu sein, ist die schlimmste Armut", sagte Mutter Teresa von Kalkutta (1910-1997) einmal in einem Interview. Wie wahr!

Gemeinsam – einsam? Einsamkeit, ich kenne dieses Gefühl gut: Manchmal sind es Feiertage, trübes Wetter, kein Sonnenstrahl, man ist krank, keiner ruft an, keine Mail wird geschickt, wie schön, wäre es in solchen Situationen, wenn jemand vorbei kommen würde, aber es interessiert sich wohl keiner für mich, keiner denkt an mich … solche Gedanken kennen sie bestimmt auch. Wenn es mal so ein einsamer Tag ist, dann geht es ja noch, aber wenn so ziemlich jeder Tag so ist?

Ich erlebe immer wieder Situationen, die mir oft ganz widersprüchlich vorkommen: Ich bin nicht allein, vielleicht sogar in einer Gemeinschaft von Menschen, die ähnlich denken wie ich und dennoch fühle ich mich dazugehörig und doch ganz fremd, ich fühle Gemeinschaft und gleichzeitig Einsamkeit, ich fühle Aufgehoben-Sein und gleichzeitig ein Außen-vor-sein. Gemeinsam – einsam?

Einsamkeit ist auch keine Frage des Redens. Wir reden und reden – und sind doch oft einsam, so erlebe ich es jedenfalls. Gespräche bleiben an der Oberfläche: „Wie geht's? Ganz gut. Mieses Wetter heute. Was machst du noch? Dann bis die Tage …"

Es entsteht Einsamkeit, wo die Tiefenkommunikation fehlt; wo ich das Gefühl habe, da ist keiner, der sich für mich wirklich interessiert. mit dem ich reden kann über meine versteckten Fragen und Probleme. Dem ich anvertrauen kann, was mich bedrückt, was mich kränkt, was mich innerlich auffrisst. Da ist keiner, der mich zutiefst versteht. Da greift das Gefühl der Einsamkeit nach mir. Wir sehnen uns nach Menschen, die sich für uns interessieren, die uns zutiefst verstehen, die uns lieben und werden doch immer wieder enttäuscht.

Jeder Mensch sehnt sich nach einer Liebe, die nicht an Bedingungen geknüpft ist. Liebe, ein großes Wort, zwiespältig von mir betrachtet, umhüllt von vielen Gedanken und Gefühlen, immer wieder auch benutzt, verletzt, beschmutzt, missbraucht und gleichzeitig umwoben von Zärtlichkeit, Leidenschaft, Sehnsucht. Was wirkliche Liebe ist, ich weiß es nicht, ich mag es ahnen, mir fehlen die Worte, um zu beschreiben, was Liebe ist – die wirkliche Liebe, eine Liebe, die nicht mit Glitzerstaub und Märchenvorstellungen behaftet ist. Vielleicht erfahre ich am Ende meines Lebens, was die Liebe ist, vielleicht kann ich die Größe dieser Liebe auch gar nicht erfassen.

Was mir aber immer deutlicher wird, mich anzunehmen, mich auszuhalten, meine tiefe, innere Einsamkeit anzunehmen – eine lebenslange Aufgabe. Und letztlich daran zu glauben, dass ich mit all meinen Grenzen und Begrenzungen angenommen bin, geliebt bin, dass mein Leben mit allem Gelungenen und Zerbrochenen von Gott angenommen ist: Ja, ich glaube, dass Gott mich liebt! Ja, ich glaube, dass ich von Gott anerkannt bin! Ja, ich glaube, dass ich bei Gott sicher und geborgen bin!

## Etwas zum Nachdenken, Nachsinnen, Nachspüren ...

### 11. Angesehen werden und Ansehen haben

Wir allen kennen das Gefühl „Sehnsucht“, die Sehnsucht nach Nähe und Zuwendung, nach Freundschaft, nach Offenheit und Ehrlichkeit, nach mehr Leben; ein Sehnen nach Lebenssinn, nach „Sein-dürfen-so-wie-ich-bin“. Wir alle sehnen uns nach erlebter Wertschätzung: Geachtet, anerkannt sein als Mensch in meiner Einmaligkeit, mit meinem Wesen, mit meinen Grenzen; nach Erfahrungen, die uns ein Gefühl geben, dass wir wertvoll sind, Erfahrungen, die uns sicher machen.

Gemeinschaft, Miteinander, Sich-zurücknehmen-Können und nicht Maß aller Dinge sein zu wollen, gehört zu den Herausforderungen des Lebens. Daraus kann Angst erwachsen, nicht dazuzugehören, nicht beliebt, geliebt und anerkannt zu sein. „Was sollen die Leute von mir denken?“, „Akzeptiert man mich noch, wenn ich eine ganz andere Meinung habe?“ Je größer das Harmoniebedürfnis und der Wunsch, es allen recht zu machen ist, desto größer die Angst, zu sich und der eigenen Persönlichkeit zu stehen. Um Liebe, um Annahme, um Wertschätzung zu bekommen, mühen wir uns, bauen ein Image auf, um jemand zu sein, spielen Rollen. Vielleicht jagen wir von Glück zu Glück auf der Flucht vor dem Frust, der jedem Glück scheinbar folgt. Und doch - immer wieder spüren wir schmerzlich ein Loch in uns, das wir zu stopfen versuchen. Aber es scheint, dass die Leere in uns größer ist als alles, was das Leben uns zum Füllen anbietet.

Wer bin ich? Wo ist mein Platz? Was bin ich wert? Anerkennung und Ablehnung, die wir erfahren, Wertschätzung und Abwertung spielen eine entscheidende Rolle, wie wir all diese Fragen für uns beantworten. Jeder von uns möchte in seiner je eigenen individuellen Eigenart und Besonderheit wahrgenommen und gewürdigt werden. Voll Sehnsucht hoffen wir, dass uns jemand erkennt, wie wir wirklich sind, dass jemand durch die Maske sieht, die wir angelegt haben um uns zu schützen.

Meine Falle ist es immer wieder, meinen eigenen Wert anzuerkennen. Ich definiere mich durch meine Leistung, mein Tun, mein Engagement. Ich suche immer wieder im Außen, was schon seit meiner Geburt in mir angelegt ist und was letztlich meinem Leben einen tiefen Sinn gibt. Werde ich wirklich geliebt, so wie ich bin? Mit meinen Gaben und Grenzen, mit meinem Engagement und mit meinem Nicht-Tun? Diese Frage begleitet mich immer wieder. Und ich weiß, ich werde menschlicher, wenn ich aufhöre, mich ständig mit anderen zu vergleichen, wenn ich genau hinschaue, wer ich bin und was ich bin und was zu mir passt, anstatt ständig jemanden vorzutäuschen, der ich meine, sein zu müssen.

Es gibt Menschen, bei denen fühle ich mich angenommen, so wie ich bin, geschätzt, wertgeschätzt – da darf ich mich zeigen mit all dem, was in mir ist, mit meinen Schattenseiten, mit meinen Sorgen, mit dem, was mich vielleicht nicht an-seh-lich macht vor dem anderen!

Was würde sich wohl verändern, wenn wir im Alltag nicht so sehr auf die Fehler und Schwächen unserer Mitmenschen achten würden, sondern auf ihre Stärken und Begabungen? Was würde geschehen, wenn wir uns etwas öfter die Mühe machten, jemandem zu sagen, was wir an ihm schätzen? Wie viel könnte gelegentlich ein einfaches Dankeschön oder „Das ist eine gute Idee“ oder „Schön dass du bei uns bist“ bewirken? Wie oft wäre es auch möglich, zuerst zu würdigen, was gut ist, bevor wir kritisieren, was noch besser sein könnte.

Blicken wir einander wohlwollend an und sagen einander, was wir schätzen – ohne Heuchelei, echt und ehrlich! Wenn wir innehalten, einhalten, ahnen wir, dass es ein Glück gibt, das unendlich tief, echt und klar ist, dass es eine Beziehung gibt, die tragfähig ist, die unser Leben aufblühen lässt: Da ist einer, der mich ansieht und mir Ansehen schenkt – und ich muss mich nicht abmühen, damit ich angesehen werde, damit ich angesehen bin!

## Etwas zum Nachdenken, Nachsinnen, Nachspüren ...

### 12. Zufrieden sein

Wir leben nicht im Frieden, überall auf der Welt gibt es Kriege und kriegerische Auseinandersetzungen. In vielen Familien kriselt es, fehlt es an Perspektiven und gibt es Unfrieden, zwischen Eheleuten und Eltern, zwischen Eltern und Kindern, Kindern und Eltern; es herrscht Unrast und Unruhe und die Sehnsucht nach Frieden bleibt oft ungestillt. Unsere Sehnsucht richtet sich auf ein wohlgeordnetes Familienleben, ein herzlich-aufrichtiges Einvernehmen im Freundeskreis, ein friedvolles Miteinander in Staat, Kirche und Gesellschaft.

Zufriedenheit hat mit Frieden zu tun, und der wird geschenkt. Doch einfach so fällt er nicht vom Himmel – ich muss auch etwas für den Frieden tun, es bedarf manchmal vieler kleiner Schritte, die ich zu gehen habe – auf den anderen zu! Jede und jeder kennt in sich die Sehnsucht nach Frieden. Wenn wir aber ehrlich sind, entdecken wir in uns auch Bereiche, die voller Unfrieden sind, in denen wir uns zerrissen fühlen, unzufrieden sind mit uns und mit der Welt. Wenn ein Mensch voller Frieden ist, dann spüren es die Menschen in seiner Umgebung.

Nie zu – Frieden sein ... nie zufrieden sein mit dem, was ist; nie in – Frieden sein ... mit den Kollegen, mit den Verwandten, Nachbarn, mit sich selbst nicht im Frieden sein. Uns allen sind Menschen bekannt, die immer „ein Haar in der Suppe" finden, die immer etwas auszusetzen haben, wo irgendetwas nicht stimmig oder störend ist. Offensichtlich sind diese Menschen zutiefst unzufrieden mit sich selbst. Weil sie mit sich nicht in Frieden sind, kann sie nichts zufrieden stellen. Sie verbreiten oft eine Atmosphäre von Unzufriedenheit, Bitterkeit und Unfrieden.

Frieden fließt von innen und dann gehen friedvolle Gedanken zu meinen Mitmenschen. Da haben dann feindliche und ärgerliche Gedanken keinen Raum. Wenn ich mit mir in Frieden lebe, im Einklang mit mir selbst lebe, dann breitet Frieden sich von allein aus, das ist meine Überzeugung.

Auf meinem Küchentisch steht eine kleine Schachtel mit einem ganz wertvollen Schatz von Friedensbotschaften aus der letzten Familienfreizeit. Ganz viele gute Wünsche und Dankeschöns, liebevolle und herzliche Worte, die einfach gut tun, sind darin enthalten: „Danke, dass du dazu beiträgst, dass ich so stolz auf meine Kinder sein kann ... Die Friedensreise war sehr abwechslungsreich ... Danke, dass wir so eine friedvolle Zeit erleben durften ... Danke für die tolle Betreuung ... Danke für das friedvolle und harmonische Miteinander“. Diese Botschaften haben mich tief berührt und ein ganz intensives Gefühl eines inneren tiefen Friedens mit mir und mit den Menschen, die diese Zeit mit mir erlebt haben, hervorgerufen.

## Etwas zum Nachdenken, Nachsinnen, Nachspüren ...

### 13. (Lebens)Werte

Was macht den Wert meines Lebens aus? Was sind für mich wichtige Werte? Lebens-Werte? Was ist für mich lebenswert?

Was macht eigentlich mein Leben sinn- und wertvoll, angesichts von Schwierigkeiten in der Familie, im Beruf oder im Freundeskreis, angesichts von Belastungen und Verletzungen aus der Vergangenheit oder offenen Fragen im Blick auf die Zukunft, angesichts eines manchmal eintönigen und unspektakulären Alltags?

Viele Fragen, auf die jede und jeder von uns Antworten finden muss. Welche Werte sollen wir den Kindern vermitteln, diese Frage stellen sich Eltern immer wieder. Viele Menschen heute kennen kaum noch Werte, die ihr Tun und ihr Handeln bestimmen; sie haben keine inneren Überzeugungen mehr, nach denen sie ihr Leben ausrichten.

Das kann uns auch dazu bringen, das Wertegerüst unserer Gesellschaft zu hinterfragen. Wo nur noch Erfolg und Leistung zählen, verliere ich spätestens dann jeden Halt, wenn ich durch Krankheit oder Arbeitsplatzverlust meine Leistungsfähigkeit verliere.

Wir können noch so viel Zeit und Geld in unser gepflegtes Äußeres investieren, wir können eine noch so gesunde Lebensweise pflegen, wir kommen trotzdem nicht daran vorbei, dass unsere Jugendfrische nachlässt, unsere Kräfte weniger werden und unsere Gesundheit labiler wird. Wenn das die wichtigsten Werte im Leben sind, dann zeigt das im wahrsten Sinne des Wortes, wie oberflächlich wir geworden sind; das alles sind nur Äußerlichkeiten und die verfallen.

Was sind diese christlichen Werte? Wofür steht die Kirche? Mir fallen dabei Begriffe wie: Gemeinschaft gegen Vereinzelung, Glaube gegen Sinnleere, Liebe gegen Machtmissbrauch, Versöhnung gegen Hass und Feindschaft, Anerkennung gegen Verachtung, Verantwortung gegen Egoismus. All das sind Eckdaten der frohmachenden Botschaft ... Solidarität, Gerechtigkeit, Glauben, Nächstenliebe, Freiheit.

Mein Wert hängt jedenfalls nicht daran, dass ich viel leisten kann, auch wenn mir das immer wieder schwer fällt zu glauben. Meinen unschätzbaren Wert erhalte ich von Gott – das ist Geschenk, Gnade; meinen Wert erhalte ich durch das, was Jesus für mich „geleistet" hat. Der wert-vollste Wert, das Geschenk meines Lebens, auf das ich antworten kann: mit dem für mich wert-vollsten (Lebens)Wert: Den Nächsten lieben, wie sich selbst!

## Etwas zum Nachdenken, Nachsinnen, Nachspüren ...

### 14. Auf Ent-Deckungs-Reise gehen

In der Fastenzeit habe ich mir vorgenommen, jeden Tag eine halbe Stunde in Stille über meinen Glauben nachzudenken, innezuhalten, zu schauen, was für Gedanken auftauchen, welche Wörter im Zusammenhang mit unserem Glauben mich berühren und beschäftigen. Es ist wie eine spannende Reise, was sich da in mir zeigt, was ich alles entdecke.

Manches liegt unter einer Decke verborgen, ich muss es erst ent-decken, die Decke muss zur Seite genommen werden, um zu sehen, was darunter bis dahin verborgen war. Entdecken kann ich nur das, was schon da ist, bevor ich danach Ausschau gehalten habe. Es schafft nichts Neues, sondern macht es für mich neu, eben ent-deckt, von Sichtbehinderungen befreit.

Ent-decken, dass alle Glaubensbotschaften von uns mit unserm Leben „begriffen" und „ergriffen" werden müssen, um in uns zu wachsen – und das immer wieder neu.

Ent-decken, dass Glauben Mut und Entschlossenheit braucht und keineswegs bequem ist, so erfahre ich es jedenfalls. Immer wieder machen sich Fragen und Zweifel bemerkbar, lässt mich ein Gedanke nicht los, wühlt mein Inneres auf. Ich glaube, wir brauchen ganz viel Ausdauer und immer wieder die Bereitschaft, dem Wort Gottes zu trauen, ihm zu vertrauen und darauf zu setzen, dass die Verheißung auf ein „Leben in Fülle" auch eintrifft, auch dann eintrifft, wenn wir es gar nicht mehr zu hoffen wagen.

Eine letzte Ent-deckung an dieser Stelle: Das Glaubenszeugnis anderer mag uns anregen und Mut machen; es kann uns immer wieder aufrichten und selbst in Hoffnungslosigkeit noch hoffen lassen; aber die eigene Erfahrung ersetzen kann es nicht. Der Glaube braucht die Bestätigung durch eigene Erfahrung – davon bin ich überzeugt.

Ja, ich spüre bei all meinen Bemühungen, bei meiner Suche nach mehr Sinn und Tiefe in meinem Leben, bei der Suche nach einem authentischen Leben, dass es nicht reicht, nur aus den eigenen Kräften heraus und nur für sich zu leben. Letztlich gehört für mich die Ausrichtung auf Gottes Wirken in mir und mit mir dazu; sie kann helfen zu entdecken, wo Gott auch mit mir seinen Weg gehen möchte, wohin er mich führt. Gehen wir auf Ent-Deckungs-Reise und lassen uns von IHM führen!

**Etwas zum Nachdenken, Nachsinnen, Nachspüren ...**

## 15. Fastenzeit und Bremsweg

Eine eigenartige Zusammenstellung mögen viele nun denken, wenn sie die Überschrift lesen ... Fastenzeit und Bremsweg. Viele Menschen verbinden mit der Fastenzeit ein trostloses Bild, an Verzicht und Entbehrung.

In der Fahrschule haben wir gelernt: Je schwerer ein Fahrzeug ist, desto länger braucht man, um anzuhalten. Heinz Erhardt (1909-1979), der unvergessene Komiker hat diese Grundregel auf unser Leben übertragen und soll gesagt haben: „Mit den Menschen ist es wie mit den Autos: Laster sind schwer zu bremsen!“ Nicht nur der, sondern auch das Laster kann nur mit Mühe und Anstrengung gestoppt werden. Nicht nur ein Lastwagen in voller Fahrt, sondern auch eine eingefahrene schlechte Gewohnheit braucht einen langen Bremsweg.

Je länger wir uns mit oberflächlicher Unterhaltung ablenken und berieseln lassen, je mehr Vergnügungen wir nachgehen – desto weniger nehmen wir die Signale wahr, die uns zum Innehalten und zu einer Kurskorrektur auffordern.
Je stärker wir unser Herz an materielle Konsumgüter hängen, je mehr wir besitzen wollen – desto blinder werden wir für die anderen Werte des Lebens, desto unsensibler für die Bedürfnisse unserer Mitmenschen.
Je mehr wir unsere Zeit verplanen, je schwerer wir unseren Kalender mit Terminen und Verpflichtungen beladen – desto weniger können wir selbst das Tempo unseres Lebens bestimmen, desto mehr werden wir geschoben und gedrängt, desto hektischer und druckvoller werden unsere Tage.

Ein Bremsweg für solche und ähnliche Laster könnte die Fastenzeit sein, die Chance, einen Gang zurückzuschalten, Geschwindigkeit und Hetze aus unserem Leben herauszunehmen und zur Ruhe zu kommen, einfach einmal innezuhalten. Die Gelegenheit, schädliche Angewohnheiten aufzugeben, die eine Eigendynamik bekommen haben und zerstörerische Kräfte in uns freisetzen. Die Möglichkeit, Entwicklungen zu korrigieren, die im Laufe der Zeit außer Kontrolle geraten sind.

Die Fastenzeit – ein Bremsweg für den übertriebenen Medienkonsum, für die Computersucht, damit ich meine Ziele und Ideale nicht aus dem Blick verliere.
Ein Bremsweg für das Immer-mehr-haben-Wollen, damit ich mich wieder auf das Lebensnotwendige konzentrieren kann.
Ein Bremsweg für die Terminflut, damit ich neu bestimmen kann, welche Aktivitäten, Gespräche und Begegnungen mein Leben wirklich bereichern.
Die Fastenzeit – ein wertvoller Bremsweg, damit wir nicht unter die Räder kommen und von den eigenen Lastern überrollt werden.
Ich wünsche uns allen, dass wir die 40 Tage der Fastenzeit ganz bewusst erleben und die Kraft der Osterbotschaft auch in unserem Leben spüren!

***Fastenzeit***

***Eine Einladung***
***an mich***
***zu lassen***
***frei zu werden von all dem***
***was ich an Ballast***
***mit mir herumtrage***

***Einladung zum***
***Loslassen ...***
***Weglassen ...***
***Seinlassen ..***
***und mich von IHM***
***füllen zu lassen***

## Etwas zum Nachdenken, Nachsinnen, Nachspüren ...

### 16. Meine Füße in Seinen Händen

Es ist gut, sich zu erinnern: Wie bin ich zu der geworden, die ich heute bin? Dankbar darf ich dann auf Menschen blicken, die mich begleitet haben, die meine Lebenswege gekreuzt haben und mich positiv beeinflusst haben. Ich denke zurück an die Menschen, die mir wichtig sind und waren; an Menschen, die mich lange Jahre begleitet haben und es noch tun. Die Erinnerung an die eigene, ganz persönliche Lebensgeschichte kann uns bereichern und stärken.

Ich erinnere mich an Erfahrungen, die für mich wichtig und wertvoll waren, Begegnungen, die ich nicht vergessen möchte, Urlaubserinnerungen, die mir gut tun, so manche Erinnerungsstücke liegen auf meinem Schreibtisch und ich blicke dankbar darauf.

Viele Menschen nehmen sich immer wieder Zeit für die Erinnerung an verstorbene Angehörige, gehen auf den Friedhof und schmücken die Gräber mit Blumen oder Gestecken.

Manchmal aber tun Erinnerungen weh – das habe ich lange Jahre erfahren. Denn mit unserer Geschichte verbunden sind auch Verletzungen und Wunden, die vielleicht noch nicht verheilt sind, die Narben schmerzen noch.

Doch gerade das Erinnern unserer individuellen Lebensgeschichte macht uns bewusst, wie fragwürdig unsere Erinnerungen sind. Die Psychologie stellt fest, was wir auch selbst wissen: Wir erinnern Vorgänge nicht objektiv, sondern so, wie wir sie erlebt haben; und noch weiter: wie wir sie interpretieren. Wir erinnern nicht die reinen Fakten; sondern wie die Erlebnisse der Vergangenheit schon damals durch manche Gefühle umwoben waren, so haben sie auch danach in uns weitergewirkt.

Durch Erinnern haben wir aber nicht nur die Chance zum Annehmen und Loslassen von Schmerzlichem oder Versäumten, sondern auch die Chance zur Freude über Geschenktes, zur Dankbarkeit für gelebtes Leben.

Was wären wir ohne unsere Erinnerungen, ohne diese denkwürdigen Tage im Leben, die uns einmal innehalten lassen, um darüber nachzudenken, was war, was ist und was vielleicht die Zukunft bringen wird. Da wo wir das Leben bedenken, wird es nicht beliebig oder gar gleichgültig gelebt und so ist es gut.

Die Jünger damals feierten im Auftrag Jesu das Abendmahl, aus dieser Erinnerung an Jesus Christus lebt der christliche Glaube. „Tut dies zu meinem Gedächtnis" (Lk 22,19), hat Jesus am Abend vor seinem Tod den Jüngern gesagt. In jeder Eucharistiefeier denken wir an seinen Tod und die Auferstehung. Für mich ist gerade die Feier der Eucharistie eine lebendige Erinnerung – an Jesus Christus. Und es ist gut, dass wir uns immer wieder daran erinnern, dass ich immer wieder in dieses, für mich manchmal nicht vom Kopf her verstehbare Geheimnis, hineingenommen werde.

***Meine Füße in Seinen Händen …***

***Selbstverständlich***
***strecke ich sie***
***nicht hin***
***meine Füße***
***die mich durchs Leben tragen***
***meinen Standpunkt bestimmen***

***und alltäglich***
***für mich da sind***

***Selbstverständlich***
***strecke ich sie***
***nicht hin***
***meine Hände***
***die mich handeln lassen***
***handfest zupacken können***

***und alltäglich***
***für mich da sind***

***Zögernd***
***und demütig***
***etwas beschämt***
***strecke ich sie hin***

***in Gedanken***
***in Erinnerung***

***In Seinen Händen***
***meine Füße***
***meine Hände***
***mein Leben***
***als Teil***
***als Anteil an ihm***

***Er liebkost hinein***
***die Bitte***
***die Aufforderung***
***und auch den Wunsch:***
***Mach es ebenso!***

**Etwas zum Nachdenken, Nachsinnen, Nachspüren ...**

## 17. Er verlässt uns nicht

Karfreitag, das ist die Geschichte von Verrat und Ablehnung, von Nicht-verstanden-Werden und Verlassenheit, von Gewalt, ungerechtfertigtem Leiden und Sterben, von Tod. Es sind alles Szenen, die sich kein Mensch wünscht, geschweige dann erleben möchte – aber sie geschehen, überall auf der Welt, in jedem Menschen-Leben.

Der Karfreitag schenkt mir einen Ein-Blick in die „Passion" unseres Gottes: Er geht den Weg und meinen Weg mit; mit Jesus geht er in das Dunkel hinein, in die Gewalt, in das Kreuz und in das Leiden.

Ich denke an den Vater von Freundinnen, der gerade die tiefe Dunkelheit und Nacht von Krankheit erlebt, an die Sorgen und Nöte der Familie.
Ich denke an ein junges Mädchen, die ihren Freund durch einen Autounfall verloren hat.
Ich denke an den Bruder meiner Kollegin, der im wahrsten Sinne des Wortes zwischen „Himmel und Erde" lebt, im Koma ... im Hierbleiben oder im Verlassen dieser Welt.
Ich denke an zerrissene Freundschaften und mir noch verborgene Wege, aufeinander zuzugehen.
Ich denke an Menschen, die gern Mutter werden würden, an meinen eigenen unerfüllten Kinderwunsch.
Ich denke an Kinder, die leiden an der zerbrochene Partnerschaft, die ihren Weg finden müssen und sich dabei manchmal selber im Weg stehen.

Viele von uns kennen Stunden von Verzweiflung und Verlassenheit, Stunden, wo wir uns von aller Welt und auch von Gott verlassen fühlen. Selbst Jesus sieht sich in den letzten Stunden seines Lebens nicht nur von allen Menschen verlassen, sondern sogar von Gott selbst. Oder es war ihm zumindest zur schrecklichen Frage geworden: Hast etwa auch du, mein Gott, mich verlassen? Warum? Da ist er selbst zuletzt ganz allein und sieht keinen mehr, der bei ihm wäre, sieht sich sogar von Gott selbst allein gelassen! Das Ende zeigt jedoch etwas anderes: Auf Gott ist Verlass, er verlässt uns nicht!

Ich kann etwas davon ahnen, wie Gott uns im Dunkel unseres Lebens, in den Wunden, die uns das Leben schlägt, in den Schmerzen unserer Verluste, in tiefer Angst und Not, in Einsamkeit und Verzweiflung, rettet. Er erspart uns das Leiden nicht, er nimmt sie nicht von uns. Er ist uns darin nahe, im Mit-Hindurchgehen, nur ahnen kann ich etwas davon an diesem Karfreitag und all den Karfreitagen, die es immer wieder in unserem Leben gibt.

*ich sehe*

*dort am Kreuz*

*die Verbindung*

*zwischen Gott und mir*

*zwischen meinem Herzen und*

*meinem Verstand*

*dort am Kreuz*

*wo die Angst mein Herz durchbohrt*

*wo die Zweifel mein Vertrauen verhüllen*

*wo der Druck mich in die Knie zwingt*

*dort am Kreuz*

*treffen sich die Wege*

*meines Herzens*

*meines Verstandes*

*dort am Kreuz*

*finde ich*

*mich*

*neu*

*und ich entscheide mich*

*für die Liebe*

*für das*

*Leben*

*für*

*Dich*

**Etwas zum Nachdenken, Nachsinnen, Nachspüren ...**

## 18. Die leere Mitte

Der Karsamstag ist die „leere" Mitte zwischen dem Schrei des Gekreuzigten und dem Jubel des Halleluja, ein Zwischen-Zustand, zwischen den Erfahrungen des Leidens und der Erwartung auf die Auferstehung, ein Aushalten, ein Innehalten, ein „Anhalten". Karsamstag, ein eigentümlicher Tag, ein stiller Tag. Ich persönlich stehe an diesem „Dazwischentag" oft noch bei meinen „Karfreitagserfahrungen", mit meinen Fragen und Gefühlen einerseits noch bei der Frage, wozu das Ganze, andererseits ahne ich schon etwas vom Licht, vom Durchbruch – ein denkwürdiges Gefühl.

Karsamstag ... schon noch ... die Stimmung von Karfreitag in sich spüren; schon noch ... die Gedanken und Erfahrungen des Karfreitags fühlen; schon noch ... keinen Ausweg sehen; schon noch ... eingeschlossen sein von der Leblosigkeit und Schwere des Steins; schon noch ... ein wenig betrübt, schwer in den Tag startend – und noch nicht ... froh singend „Halleluja", noch nicht ... Erleichterung und Freude spürend, noch nicht ...wieder gewonnenen Lebenssinn sehen ...

Karsamstag – ein Tag dazwischen, ein Tag der leeren Mitte. Und manchmal erlebe ich diese Leere auch noch in der Osternacht, es will einfach keine Osterfreude aufkommen.

Aber vielleicht ist es einfach nur ein ganz lautloses Fest. Die „Dazwischen-Stimmung" des Karsamstags kann sich hinziehen.

Aber – vielleicht geschieht die Auferstehung ja in dieser eigentümlichen Stimmung. Es gibt keine Trompeten, die erschallen, oder Engel, die jubelnd das Halleluja, Jesus lebt, singen! Eigentlich gibt es noch nicht einmal Zeugen. Die Jünger, die Frauen, sie kommen erst nach vollbrachter „Auferstehungs-Tat" dahinter, sie kommen erst Schritt um Schritt der Wahrheit näher, sie kommen nur langsam zu der tiefen Überzeugung, dass er lebt, und erst am Pfingstfest wagen sie es auch hinauszurufen; 50 Tage der Osterzeit – denn erst dann kann und wird die Ostererfahrung in ein begeistertes Ja ausbrechen: „Wir können nicht schweigen“ - Halleluja!

Und vielleicht muss auch mein Halleluja erst reifen. Ostern geschieht, aber vielleicht im Verborgenen – unbemerkt. Wie ein einfacher Zweig, eine einfache Blüte, braucht es möglicherweise Zeit, bis das neue Leben auf-bricht, bis Auferstehung gefeiert und gewagt werden kann, manchmal lange Karsamstags-Tage. Und dann plötzlich erleben wir den Durchbruch, spüren wir, dass sich etwas wandelt. Gedanken, schweres Denken verwandelt sich in Leichtigkeit, leise Freude wird spürbar ... die leere Mitte füllt sich.

## Etwas zum Nachdenken, Nachsinnen, Nachspüren ...

### 19. Leben in aller Lebendigkeit

Ostern – ist heute, ist jetzt – und dann, wenn ich es nicht als etwas Vergangenes feiere, als was „von gestern“, sondern wenn Ostern es mit mir, mit uns zu tun bekommt

Gott ruft zur Lebendigkeit und zum Aufbruch auf – so schwer es mir auch fällt, mit wie viel Angst ich auch gehen mag, manchmal bleibt mir nichts anderes übrig als weiter zu gehen, ein Zurück gibt es nicht mehr!

Der Glaube an die Auferstehung, da stößt menschliches Begreifen an seine Grenzen, das lässt sich nicht fassen, nicht be-greifen, das erfahre ich – mitten im Leben.

Der Glaube an die Auferstehung fordert mich heraus, darauf zu vertrauen, dass aus und in dieser extremen Form des Scheiterns neues Leben erwächst. All die durchkreuzten Hoffnungen wirklich mit dem Herzen annehmen, sie gehören zum Leben dazu und dann erfahren: da ist neues Leben gewachsen!

Der Glaube an die Auferstehung fordert mich heraus; ich spüre, dass die Lebenskraft nicht allein in meiner Verfügbarkeit steht, sie lässt sich nicht lenken und planen – nein, das erfahre ich immer wieder. Sie erfordert Loslassen, sie fordert mich heraus, geschehen zu lassen, wachsen zu lassen, LEBEN zuzulassen. Ich kann nicht planen, habe es nicht unter Kontrolle, was immer auch geschehen mag. Ja, wo wir aufstehen und uns aufmachen, alte Wege anders zu beschreiten, da ist ein kleines Stück Auferstehung spürbar und wir dürfen vertrauen, weil ER mit uns geht.

Auferstehung kann heißen, die Welt, den Alltag, mit neuen Augen anzusehen, dass Gott überwindet, was bei mir „tot“ ist, was mich an wirklichem Leben hindert.

Und das ist mein Wunsch, dass wir Ostern so feiern können, dass Gott uns überraschen kann: Dass wir nicht irgendetwas mühsam festhalten wollen, was einmal war, dass wir nicht etwas mit aller Kraft wiederbeleben wollen, was gar nicht tragfähig ist, sondern dass wir neues Leben annehmen können, neue Schritte gehen können, die Zukunft haben. Und dass wir nicht dauernd zurück schauen in die Vergangenheit, wo es doch immer „so schön war" oder „weil es immer so war", sondern dass wir unseren Blick nach vorn lenken lassen, in einem Leben, das Zukunft hat, weil Gott es ganz neu erschaffen hat.

**Etwas zum Nachdenken, Nachsinnen, Nachspüren ...**

## 20. Was sucht Ihr den Lebenden bei den Toten?

„Was sucht ihr den Lebenden bei den Toten?" (Lk 24,1) werden die Frauen am leeren Grab gefragt. „Er ist nicht hier, er ist auferstanden!", wissen die Engel. Die Frauen hören Worte, die ins Leben rufen.

Der Lebende ist nicht im Grab unserer zerbrochenen Hoffnungen zu finden. Er ist nur dort zu finden, wo wir einen neuen Blick für den Alltag, einen neuen Blick für das Leben gewinnen. Dort, wo wir eine neue Perspektive, eine neue Sichtweise auf das eigene Leben, auf das mit Gott verbundene Leben bekommen. Das habe ich persönlich erlebt: Erst nachdem ich mit meiner Lebens- und Leidensgeschichte innerlich versöhnt war, konnte ich dankbar nach vorne blicken, konnte ich dankbar sehen, wie Gott mich ins Leben geführt hat – mit Menschen und durch Menschen, die mit mir den Weg ins Leben gegangen sind, die mich begleitet haben.

„Was sucht ihr den Lebenden bei den Toten? Er ist nicht hier!" Er ist dort, wo Menschen sich gegenseitig aufrichten, sich gegenseitig Hoffnung schenken und ermutigen. Er ist dort, wo Menschen das Herz brennt, wie den Jüngern auf dem Weg nach Emmaus. Er ist dort, wo Menschen das Herz brennt – mitten in eisigen Zeiten, mitten in der Dunkelheit des Lebens.

Oft genug stehen wir vor Gräbern, nicht nur solcher, die der Tod uns bereitet, sondern auch vor solchen zerstörter Hoffnungen und Lebenspläne. Es ist wichtig, dass wir uns dem Schmerz des Verlustes stellen, aber es kommt auch die Zeit, dass wir unseren Gräbern den Rücken kehren müssen. „Was sucht ihr den Lebenden bei den Toten"?

Denn er ist da, aber an einem anderen Ort, nicht immer so leicht erkennbar. Er ist vielleicht dort, wo wir ihn nie vermutet hätten, vielleicht auch bei ganz anderen Menschen, die mir wichtig geworden sind auf dem Weg durch Trauer, Verzweiflung und

Leid. Und dann war da doch einer, der zu mir hielt – ein Lichtblick, jemand, von dem ich nicht gedacht hätte, dass er da wäre.

Wenn wir Gott suchen und uns für ihn öffnen, entdecken wir sein Handeln, nicht immer sofort – das erfahre ich immer wieder. Wenn wir die Perspektive wechseln: "Was sucht ihr den Lebenden bei den Toten?" können wir neue Aufbrüche wagen, Kraft finden und frei werden von dem, was uns bedrückt, niederdrückt.

Sucht den Lebenden bei den Lebenden – auch bei den heute und hier Lebenden. Dort lässt er sich finden. Das ist die Osterbotschaft, das ist die Botschaft von der Auferstehung; eine Botschaft, deren Stahlkraft ungebrochen anhält.

## *Ostersegen*

*Du wegbegleitender Gott,*
*segne uns mit deiner Kraft,*
*die aus scheinbar Leblosem*
*immer wieder Neues*
*wachsen lässt,*

*segne uns mit deiner Kraft,*
*dass wir hoffen,*
*das aus kleinsten Samenkörnern,*
*Blüten treiben werden,*

*segne uns mit deiner Kraft,*
*die Steine von Gräbern rollen*
*und eine ansteckende Freude ausbrechen lässt.*

*„Wo die Güte und die Liebe, da ist Gott ...*
*Ubi caritas et amor, Deus ibi est!“*
*Mitten unter uns –*
*in uns – durch uns – mit uns!*

*Ich wünsche uns immer wieder*
*eine gesegnete Osterzeit*
*und Erfahrungen in unserem Leben,*
*die uns stets neue Perspektiven eröffnen.*

## Etwas zum Nachdenken, Nachsinnen, Nachspüren ...

### 21. Es wissen wollen

„Berühre die Wunden"[4] – ein Buch mit diesem Titel liegt auf meinen Schreibtisch. Tomáš Halík, der Autor dieses Buches schreibt u. a., dass zum christlichen Glauben der Mut gehört, die Wunden unserer Welt wahrzunehmen und sie mit dem Glauben zu berühren. Denn wir begegnen Gott überall dort, wo die Menschen leiden. Und auch wenn jemand Christus nicht im traditionellen kirchlichen Umfeld finden kann, ist für ihn noch immer die Möglichkeit gegeben, ihm in den offenen Wunden unserer Welt zu begegnen.

Mir ist beim Titel sofort, Thomas, mein „Lieblingsjünger" eingefallen. Thomas, ein Mensch mit Fragen und Zweifeln, ein Mensch, der die Wunden Jesu berühren muss, bevor er das Un-glaubliche glauben konnte.

Glauben, das heißt ja nicht, alles für möglich halten, was uns da irgendwer erzählt. Glauben heißt auch nicht, dass wir nicht auch mal nachfragen dürfen, wo uns etwas nicht glaubwürdig oder unklar ist. Thomas ist einer, der das, was ihm nicht klar ist und was er nicht einfach so glauben kann, nicht abtut und der auch nicht weggeht von diesen Jüngern. Sondern einer, der bleibt und der dran bleibt. Einer, der versucht, dem, was er noch nicht weiß, auf den Grund zu gehen und der nicht eher ruht, bis er es glauben kann.

Jesus nimmt das Anliegen von Thomas, es sicher wissen zu wollen, ernst: „Nimm deine Hand und lege sie in meine Seite! " (Joh 20,27) sagt Jesus zu ihm. „Fass mich an. Überprüfe, ob ich es wirklich bin!" Und Thomas wird von dieser Begegnung so überwältigt, dass er keine Versicherung mehr braucht.

---

[4] Tomás Halík: Berühre die Wunden: Über Leid, Vertrauen und die Kunst der Verwandlung, Herder Verlag, 2013.

Ich wünsche mir ganz viele solcher Menschen. Menschen, die Interesse haben an Gott und die diesem Interesse nachgehen, die sich erkundigen und fragen, die zweifeln; Menschen, die sich auch überraschen lassen können, wenn Gott tatsächlich anders ist als sie es für möglich gehalten haben.

Ich wünsche mir auch eine Gemeinde, ich wünsche mir Familien und Gemeinschaften, die beim Glauben lernen helfen und unterstützen. Menschen, die so viel von ihren eigenen guten Glaubenserfahrungen erzählen und die selbst so froh mit ihrem Glauben sind, dass sie andere anstecken, dass andere Lust darauf bekommen, und die genau deshalb nachfragen und „es wissen wollen" – so wie Thomas.

## Etwas zum Nachdenken, Nachsinnen, Nachspüren

### 22. Was steht ihr da und schaut zum Himmel empor?

„Was steht ihr da und schaut zum Himmel empor?“ (Apg 1,11) – hören wir am Hochfest Christi Himmelfahrt. Christi Himmelfahrt ... ein für viele denk-würdiges Fest, für viele Väter, der „Vatertag“. Vatertag, das verbindet man manchmal mit einem gemütlichen Tag im Biergarten oder mit einem fröhlichen Ausflug und wird vielerorts als „Männertag in Feierlaune“ assoziiert.

Ich habe mal gelesen, und das hat mir äußerst gut gefallen, wenn man das Hochfest Christi Himmelfahrt als getauftes Kind Gottes betrachtet, dann kann man durchaus feststellen, dass der Vatertag und die Auffahrt Jesu in den Himmel eng zusammen gehören. Es ist nämlich genaugenommen HIMMEL-VATER-TAG.

Himmel-Vatertag, weil wir daran denken, wie Jesus Christus selbst zum Vater heimgekehrt ist. Er verlässt seine Jünger und die Menschen nicht – im Gegenteil, er geht zum Vater, damit wir im Heiligen Geist noch inniger mit ihm vereint sein können, schon hier und heute und einmal ewig in Jubel und Freude. CHRISTI-HIMMELFAHRT ist gleichzeitig HIMMEL-VATER-TAG – ist das nicht ein schöner Gedanke?

Den Blick hin zu weiten auf den himmlischen Vater: Er ist unser aller Vater! Und mit dieser Deutung rechtfertigt sich der Titel “Vatertag” für das heutige Fest. Wir dürfen voll Dankbarkeit heute die Vaterschaft Gottes feiern und ehren.

Und – ein weiterer Gedanke: Die Auferstehung Jesu Christi von den Toten, die wir in der Osternacht und am Ostersonntag gefeiert haben, liegt genau 40 Tage zurück. Die 40 ist eine symbolische Zahl, die in der Schrift immer eines ankündigt: „Achtung: es passiert etwas grundlegend Neues – ein neuer Abschnitt beginnt!“

Und Vatertag heißt daher auch, dass etwas Neues für uns Christen beginnt. Dieser Lernprozess, der mit Christi Heimkehr zum Vater begonnen hat weist hin auf ein Mysterium, ein Geheimnis Gottes, das zu suchen und zu entdecken jeder eingeladen ist. Diese geistige Dimension in unserem Leben immer wieder wahrzunehmen, in Augenblicken, wo spürbar ist, da ist etwas, was mit den Händen nicht zu greifen ist, mit dem Verstand nicht zu begreifen aber dennoch sind wir ergriffen.

Wir dürfen am HIMMEL-VATER-TAG als Gotteskinder unser Taufgelübde wie an Ostern voll Freude erneuern, denn Christi Himmelfahrt ist wahrhaftig VATERTAG und wir sind die Kinder, die das feiern dürfen, und damit Himmel und Erde miteinander verbinden oder aber – den Himmel jetzt schon auf dieser Erde spüren.

Feiern wir einen frohen HIMMEL-VATER-TAG, ein großartiges Hochfest, das Fest Christi Himmelfahrt.

*Mitten unter uns ist er,*
*der Himmel,*
*nicht irgendwo in weiter Ferne,*
*mitten unter uns und mitten in uns.*

*Den Himmel auf Erden spüren,*
*wenn die festliche Musik mich erfüllt,*
*das Strahlen der Erstkommunionkinder mich berührt,*
*das Wort Gottes Einlass findet in meinem Herzen,*
*die Predigt im Festgottesdienst*
*Türen öffnet und Freude sich ausbreitet.*

*Den Himmel auf Erden spüren,*
*mitten unter uns und mitten in uns!*
*Mitten unter uns ist er,*
*der Himmel,*
*nicht irgendwo in weiter Ferne,*
*mitten unter uns und mitten in uns.*

*Den Himmel auf Erden spüren,*
*wenn Dankbarkeit mein Innerstes erfüllt,*
*die grünende Natur mein Denken bunter macht,*
*die Stille etwas von dem spürbar macht,*
*was nicht in Worte zu fassen ist:*

*Den Himmel auf Erden spüren,*
*mitten unter uns und mitten in uns!*

**Etwas zum Nachdenken, Nachspüren, Nachsinnen**

## 23. An Tagen wie diesen!

„An Tagen wie diesen“ ... ein Ohrwurm – immer wieder zu hören, der mich inspiriert hat, meine Gedanken zu den „Tagen wie diesen“ aufzuschreiben. „An Tagen wie diesen wünscht man sich Unendlichkeit, an Tagen wie diesen haben wir noch ewig Zeit“.

Ein schöner Wunsch, der verständlich ist, wenn ich daran denke, das Schöne, Frohe und Heitere möge ewig dauern. Es sind diese kostbaren Momente, denen man Ewigkeit wünscht, weil darin erfülltes Leben aufblitzt. In solchen Zeiten müsste man die Zeit anhalten können, wenn sie am schönsten ist. Ich denke dabei an all die Erstkommunionkinder, die in diesen Tagen sicherlich den einen oder anderen Moment festhalten und ich hoffe, noch lange im Herzen bewahren.

„An Tagen wie diesen“ ... Angesichts der Schnelligkeit, mit der wir leben, klingt das so sympathisch wie altmodisch. Die Langsamkeit haben wir längst verlernt oder schenken ihr kaum noch Beachtung. Wir könnten den Stillstand gar nicht mehr aushalten, so sehr haben wir uns in den letzten Jahrzehnten zu Managern der Zeitoptimierung entwickelt. Theoretisch könnte wir uns alle Zeit der Welt lassen, weil wir ja riesige Mengen davon angespart haben. Stattdessen hetzen wir durchs Leben ... fortschreitende Technologie, Mobilität, Kommunikation, Arbeitsabläufe – alles steht unter dem Diktat von Schnelligkeit und Zeitgewinn. Es ist schon eine ver-rückte Gegenwart, in der Worte wie „Zeitmanagement“ und „Burnout“ zu Symptomen allgemeiner Befindlichkeit geworden sind.

Ich denke an die vielen Tagen, von den ganz normalen, wenig spektakulären Alltagstagen, die auch dazu gehören zu unserem Leben. An „Tagen wie diesen“, an denen ich das Gefühl habe, ich werde nur noch gelebt, an denen ich mein Tun und Handeln in Frage stelle, den Sinn hinterfrage; an Tagen, an denen sich Termine häufen, und das Gefühl auftaucht, es nicht zu schaffen; an denen es irgendwie nicht weiter geht, Schwere sich breit macht, Unzufriedenheit, Enttäuschung – ja, an „Tagen wie diesen“ ... das ist es gut, dass Menschen da sind, die diese Tage mit tragen.

„An Tagen wie diesen“ – zwischen den Festen Christi Himmelfahrt und Pfingsten. Die Jünger und Jüngerinnen Jesu fühlten sich nach der Himmelfahrt Jesu allein gelassen. Sie hatten keinen Geist mehr, keine Lebendigkeit, keinen Mut. Nun, Jesus lässt ihnen anscheinend Zeit; Zeit, um Abschied zu nehmen von ihm, von den gewohnten und vertrauten Bildern und Erfahrungen, damit sie so Platz machen in ihren Herzen und Köpfen für Neues: für neue Erfahrungen, für neue Möglichkeiten, für einen neuen Geist in ihrem Leben; Zeit, damit sie in ihre neue Rolle hineinwachsen können, damit sie „erwachsen werden“ können.

„An Tagen wie diesen“ heißt es Abschied nehmen, damit Raum für den lebendigen Gott bleibt und sich öffnen kann, der nicht fragt, was früher war, sondern der uns zeigt, was heute und morgen sein kann, was uns heute und morgen noch alles blühen kann, wenn er in uns und mit uns wirken darf, wenn er uns erfüllen kann mit seinem Geist, mit weitem, göttlichen und geistlichen Leben. Die Welt, die Kirche braucht heute lebendige, freudige und mutige Zeuginnen und Zeugen der frohmachenden Botschaft – und nicht nur an „Tagen wie diesen“!

**Etwas zum Nachdenken, Nachsinnen, Nachspüren ...**

## 24. Wir brauchen den Geist von Pfingsten!

„Weil du mir kostbar und wertvoll bist“ – unter diesem Motto habe ich eine Freizeit mit Familien auf Ameland erlebt. Deutlich ist mir wieder geworden, wie kostbar und wertvoll auch solche Zeiten für die Familien sind: Ein Miteinander, das vom ‚Geist Gottes‘ geprägt ist, wo Leben und Glauben gelebt wird. Wir brauchen den Geist von Pfingsten – davon bin ich überzeugt!

Das Ereignis von Pfingsten vorzustellen, fällt vielen von uns heute schwer. Wer ist schon so begeistert von Jesus, dass er hinausläuft und auf der Straße von IHM erzählt? Die Apostel müssen nach draußen, müssen diese Erfahrung weiter erzählen. Und wer selbst einmal von etwas begeistert war, der kennt dieses Gefühl, von seinen Erfahrungen berichten zu wollen und wie es einen innerlich fast zerreißt, wenn man sich nicht mitteilen kann. Ich jedenfalls bin immer froh und dankbar, wenn ich nach „erfüllten Zeiten“ mit jemanden sprechen kann, mich mitteilen kann.

Aber ist es nicht genau das, was unserer Gesellschaft, unserer Kirche, unserem Glauben fehlt? Zeugnis geben - nicht oberlehrerhaft und dogmatisch, sondern einladend, in aller Offenheit und Ehrlichkeit – mit seinem Leben das bezeugen, woran ich glaube. Wir brauchen Menschen, die auch in heutigen Zeiten Gottes Nähe bezeugen und so den Geist von Pfingsten spürbar machen.

Wo Menschen z.B. nur noch als Arbeitsmaterial gelten und die unterschiedlichen Kulturen nicht mehr als Bereicherung, sondern als Bedrohung angesehen werden, braucht es dringend den Geist von Pfingsten, der die Würde jedes Menschen und den Respekt voreinander wiederherstellt. Und wo die Einen auf Kosten anderer immer reicher werden und die Anderen immer ärmer, da braucht es ein gewaltiges Brausen, einen Sturm, der die gängigen Gesetze der Politik und Wirtschaft durcheinander wirbelt, damit eine gerechtere Welt möglich wird.

Oder: Die Zahlen der psychisch erkrankten Menschen sprechen eine deutliche Sprache; unsere Welt wird zunehmend liebloser und stellt immer höhere Ansprüche, denen viele einfach nicht gewachsen sind. Da braucht es den Geist von Pfingsten, der uns innerlich spüren lässt, dass wir sein dürfen, dass wir angenommen und geliebt sind, dass jede und jeder etwas wert ist ... eben, „weil du mir kostbar und wertvoll bist“ – mit Arbeit oder Hartz IV, mit oder ohne Titel. Einfach weil er Mensch, weil er Geschöpf Gottes ist.

Oder: Vielleicht braucht auch unsere Kirche neu den Geist von Pfingsten. Papst Franziskus hat bereits nach seiner Wahl auf der Loggia etwas davon erahnen lassen: Seine Bitte um das Gebet hat viele bewegt. Nicht Machtdarstellung war ihm wichtig, sondern die Darstellung seiner eigenen Ohnmacht, seiner Verwiesenheit auf Gott und seine daraus resultierende Sehnsucht, vom Gebet anderer getragen zu werden. Und damit ist keine weltfremde Frömmelei gemeint, sondern ein ehrliches Ergriffensein von Gott, das es möglich macht, Gottes Spuren in unserer Welt zu entdecken und andere daran teilhaben zu lassen.

Oder: Wenn wir so aus dem Geist von Pfingsten leben, haben wir auch die Offenheit daran zu glauben, dass dieser Geist auch in anderen lebt und uns etwas zeigen möchte. Dann würde so manche verkrustete Ansicht gesprengt und frischer Wind würde ganz neue Ideen für die Pastoral und den Umgang innerhalb und außerhalb der Kirche schaffen. Dieser neue Wind würde ansteckend wirken und frischen Lebensmut und Schwung in unsere Gemeinden bringen. Wenn die Kirche, wenn wir, die wir Teil der Kirche sind, uns von diesem Geist aus unserer Ruhe bringen und verwandeln lassen, dann könnte ein neues Pfingsten geschehen!

*Gott,*
*lass deine Funken auf uns*
*überspringen,*

*damit wir*
*deinen Funken*
*weitertragen können,*

*damit wir die Welt ein bisschen*
*verändern können,*

*damit wir die*
*Menschen ein bisschen*
*verändern können,*

*damit ein großes*
*Feuer*
*entsteht,*
*das uns Menschen*
*entfacht*
*mit dem Feuer der Liebe,*
*mit dem Feuer der Begeisterung,*
*mit dem Feuer des Friedens,*
*mit dem Feuer des Lebens.*

*Gott,*
*entzünde in uns*
*das Feuer der Liebe, der Begeisterung,*
*des Friedens, des Lebens.*

**Etwas zum Nachdenken, Nachsinnen, Nachspüren ...**

## 25. Eine neue, eine un-erhörte Sprache ...

Eine neue, eine unerhörte Sprache ... dieser Satz ließ mich aufhorchen, machte mich zunächst nachdenklich. Eine unerhörte Sprache ...? Das ist unerhört! – als Protestruf, als Aufruf formuliert!

Wenn ich den Pfingstbericht des Evangelisten Lukas in der Apostelgeschichte lese, habe ich zum einen eine lebendige Gemeinschaft, sprühend vor Begeisterung, seine Freude nicht in Zaum haltend können, vor Augen, zum anderen ist es vor allem das Bild der „neuen Sprache“, das mich anspricht.

Die Jünger sprechen auf einmal eine Sprache, die alle verstehen, die aufhorchen lässt, die Menschen herbeiströmen lässt: Eine neue, eine un-erhörte Sprache! Eine Sprache, die plötzlich verstanden wird. Es müssen jedenfalls begeisterte und begeisternde Worte gewesen sein. Das Erstaunliche, Wunderbare an dieser Weise des Redens aber war der Umstand, dass über sprachliche und vielleicht sonst noch bestehende Hürden hinweg die Menschen sich verstanden, dass da etwas in ihnen berührt, angesprochen wurde, auf das sie vielleicht schon lange gewartet hatten.

Ich erlebe es immer wieder, dass wir aneinander vorbei reden, nicht mehr miteinander sprechen, keine Worte zueinander finden. Ich erlebe in Begegnungen eine kalte Sprache. Es ist schwer in Worte zu fassen, aber ich bekomme dann ein innerliches Schauer, ein Kälteschauer. Die Worte fließen heraus, kommen aber aus dem Kopf, berühren aber unser Herz nicht. Eine erkaltete Sprache, erlebbar in der Politik genauso wie in der Kirche, erreicht mich nicht, geschweige denn, lässt mich zu Begeisterungsstürmen hinreißen. Ich verschließe mich, lasse die Wortströme über mich ergießen, die Worte prallen ab, ohne dass ich sie in mir aufnehme.

Unsere Worte müssen aus dem Herzen kommen, dann spüren wir Wärme, dann strahlen wir etwas aus, dann stecken wir andere Menschen an. Wer kennt diese Erfahrung nicht: Wenn wir von etwas begeistert sind, können wir diese Erfahrung nicht für uns behalten, die Worte strömen dann einfach heraus, lebendig, begeisternd, glühend. Wir können es im alltäglichen Miteinander immer wieder erleben: Es gibt Menschen, in denen ein Feuer ist und die das auch nach außen hin ausstrahlen; sie sprechen und stecken andere Menschen an, ja – entflammen sie.

Damals, in Jerusalem, hatten Menschen den Mut, ja, das Bedürfnis, herauszutreten und von ihren Erfahrungen, von ihren Glaubenserfahrungen zu berichten – mit Feuer und Flamme haben sie von ihren Erfahrungen berichtet. Aber es gibt auch heute Pfingsten: sich öffnen, frei werden, neu werden, weiter sagen, einander begeistern, anstecken, erneuern und verändern – Jetzt, hier und heute! Es gibt Pfingsten: Das, was sonst unerhört bleibt, wird hörbar. Das, was nicht aussprechbar ist, wird in einer Atmosphäre des Miteinanders sinnlich erlebbar, spürbar, erfahrbar!

Wir sind eingeladen, mit der Kraft und den Gaben, die Gott uns schenkt, mit nicht mehr und nicht weniger, das Feuer weiter zu tragen, von unserem Glauben zu erzählen, vor allem aber, ihn zu leben!

Den Aufbruch wagen
und pfingstliche Menschen werden –
uns erfüllen lassen von diesem stärkenden Geist
und eine neue Sprache sprechen,
eine Sprache der Liebe und des Angenommenseins,
eine Sprache der Hoffnung und Zuversicht,
eine Sprache, die in der Tiefe berührt und Sehnsucht zum Klingen bringt!

## Etwas zum Nachdenken, Nachsinnen, Nachspüren ...

### 26. Wirkliche Begegnungen erfahren!

Mit tiefer Dankbarkeit denke ich an eine wunderschöne Woche auf Lanzarote in einem kleinen Bergdorf mitten zwischen den Vulkanhügel; innerlich brennt das Feuer dieser Insel noch in mir! Die Kargheit und Öde der Landschaft, das brodelnde Feuer im Innern des Vulkans, kleinste Pflanzen zwischen trockener Erde, diese eigenartige Atmosphäre der Insel hat mir sehr gut getan.

Begegnungen mit mir zunächst fremden Frauen und Männern aus unterschiedlichsten Ländern, sich aufeinander einzulassen – das war eine spannende und wertvolle Zeit. Es haben sich gute, sehr persönliche Gespräche „ergeben“, die nicht nur an der Oberfläche der Belanglosigkeit und des Wetters herumplätscherten, sondern Raum gegeben haben für echtes Interesse aneinander.

Wirkliche Begegnungen erfahren, das ist ein Bereich, den wir nicht fassen können, ein Bereich irgendwie „Da-Zwischen“. Ein Blick, ein Wort, eine Geste können es aufleuchten lassen, wenn „Ich“ und „Du“ wirklich präsent sind.

Mir fallen dabei zunächst Wörter wie Zuwendung, Berührung und Verbundenheit ein. Von Geburt an brauchen wir Menschen, die sich uns zuwenden, die uns zureden, die uns ansprechen. Im Internet habe ich Zugang zu der ganz Welt, aber ich brauche Menschen, die mich berühren, ich benötige menschliche Zuwendung.

Zu-Wendung ist ein großes Wort, aber sie geschieht oft im Kleinen. Eine sanfte Berührung, eine kleine Geste, ein fester Händedruck, eine liebevolle Umarmung drücken oft mehr aus als viele Worte, das konnte ich diese Woche hautnah spüren und erleben. Da kann es sein, das mir Fremde näher sind als Menschen, die ich schon lange kenne.

Von einem Ereignis oder einer Geschichte, die uns tief bewegt, sagen wir: Wir sind berührt. Berührung im Sinne von sich berühren lassen, sich im Herzen treffen lassen. Deutlich ist mir geworden, wie wichtig es ist, sich einander zu zuwenden, sich wirklich berühren zu lassen, mit dem inneren Auge des Herzens zu sehen, zu stauen und wahrzunehmen.

Es gab Momente, da fühlte ich mich glücklich, aufgehoben, verbunden – eins mit dem, was mich umgab. Ich bin davon überzeugt, egal, woran wir glauben, ganz gleich, welcher menschlichen Gruppe wir angehören, ob wir in Partnerschaft leben oder allein, ob wir Frau oder Mann sind, eines haben wir alle gemeinsam, die tiefe Sehnsucht nach Liebe und Verbundenheit. Wir sehnen uns nach ihnen, und wenn wir sie in uns spüren, sind wir glücklich.

Und – ganz gleich, ob wir es Gott, Quelle, Buddha oder die Schöpferkraft nennen, wir ahnen, dass etwas „hinter allem" steht, etwas Größeres, was wir nicht wirklich fassen können.

## Etwas zum Nachdenken, Nachsinnen, Nachspüren ...

### 27. Lückenlos leben

Viele Menschen wünschen sich, langsamer, intensiver und bewusster zu leben. Doch das fällt oft schwer in unserer Zeit der Schnelllebigkeit und rasanten Entwicklungen. Betriebsamkeit, ein gut terminiertes Programm, ein voller Terminkalender, gefüllt mit Aktionen, Machen und Schaffen.

Immer mehr, immer schneller, immer dichter, immer automatischer, ohne dass ich innerlich noch dabei bin. Immer weniger von mir selbst bestimmt, immer mehr das Gefühl, es ist nicht mehr zu schaffen, es nicht mehr zu bewältigen. Immer mehr die Angst, ich gehe unter, ich ertrinke, ich habe keine Luft mehr zum Atmen.

Keine Zeit mehr haben, für ein Gespräch mit der Kollegin, keine Zeit für einen kurzen Plausch beim Nachbarn, keine Zeit für einen spontanen Besuch; keine Lücke mehr für mich, keine Zeit mehr für mich. Wenn dieses Gefühl auftaucht, dann ist dringend ein „Stopp“ angesagt.

In diesen Fällen schließt sich unsere Zeiteinteilung so dicht ab, dass eben gerade keine Zeit bleibt für das Überflüssige, für das Unnötige, für das Liebevolle, für das Zwischenmenschliche. Es entsteht die Hetze und das so sehr unter Druck Stehen, dass manchmal Aggressivität die Folge sind – oder aber ich werde depressiv, habe das Gefühl von Machtlosigkeit.

Wenn meine Tage so gefüllt sind, dass keine Lücke mehr bleibt, ja dann taucht bei mir ein Gefühl der Leere auf. Da fehlt etwas. Ein Widerspruch im Begriff der Lücke wird deutlich: Gerade weil alles so dicht aufeinander abgestimmt ist, weil keine Lücke und kein freier Raum ist, gerade darum ist da eine Lücke, bleibt eine Leere, eine innerliche Leere.

Die Gefahr besteht, diese Leere nicht zuzulassen, davor wegzulaufen ... nach der Arbeit Party und Ablenkung, Fernseher, Computer, neue Termine, Freizeitstress ... keinerlei Abstand mehr von sich selbst, keine Unterbrechung!

Also: Wenn die Arbeitswelt, Freizeitwelt, Familienwelt zu lückenlos gefüllt ist, dann ist es an der Zeit, Lücken zu schaffen. Manchmal können es auch nur kurze Augenblicke sein, in denen wir einmal innehalten, in uns hinein und auf Gottes leise Stimme lauschen. Geh in dich hinein, kümmere dich um die „Inneneinrichtung deines Herzens" – das wünsche ich uns allen!

## Etwas zum Nachdenken, Nachsinnen, Nachspüren ...

### 28. Leben, was wir sind!

Eines der auffälligsten Kennzeichen unseres alltäglichen Lebens ist, dass wir immer aktiv sind. Oft sind unsere Tage randvoll mit Aufgaben gefüllt, die erledigt werden müssen. Da sind so viele Dinge, die wir tun müssen, die wir im Kopf behalten und planen müssen, Menschen, an die wir noch denken müssen, Aufgaben, die erledigt werden sollten. So viele Anforderungen, so viele verschiedenen Themen, neue Herausforderungen, viele spannende Begegnungen mit vielen unterschiedlichen Menschen – wir versuchen, allem und allen gerecht zu werden. Wir merken, wie das an uns zehrt und wie wir dabei immer mehr von uns selbst verlieren.

„Ich weiß nicht mehr, wo mir der Kopf steht ... Und was mein Herz will, spüre ich erst recht nicht mehr ... Ich funktioniere nur noch ... ich fühle mich gar nicht mehr ... ich versuch nur, es allen recht zu machen". Viele kennen diese Erfahrung und dieses Gefühl einer inneren Leere. Damit verbindet sich oft auch die Sehnsucht nach einer anderen Lebenserfahrung, in der ich mich nicht als Getriebene und ständig nach Außen Agierende erlebe, sondern als Empfangende, Beschenkte. Wenn wir nicht mehr aus einer persönlichen Mitte heraus handeln, verlieren wir bald das seelische und emotionale Gleichgewicht. Manche sagen dann: „Ich müsste mal zur Ruhe kommen, endlich wieder zu mir selbst finden!"

Aber erst einmal können wir mit der fehlenden Mitte leben. Merkwürdig, dass es uns manchmal sogar schwer fällt, nicht viel zu tun zu haben. Man könnte meinen, heute heißt "viel zu tun zu haben" das gleiche wie "ein wichtiger Mensch zu sein". Es ist ein Statussymbol geworden, beschäftigt zu sein oder zu wirken.

Ich finde das manchmal sehr schwierig, aus den vielen Stimmen und Lauten, die mich im Alltag umgeben, auf die Stimme meines Herzens zu hören, das zu tun, was ich wirklich will; das, was nicht den Erwartungen der Nächsten entspricht, nicht den

Erwartungen meines Gewissens – nein, die zu sein, die ich bin! Und Klarheit zu bekommen, was Gott von mir will und Mut, dieses auch zu tun.

Wie wird unser Leben, das von so vielen Aufgaben und Reizen umgeben ist, wieder wesentlich? Wie kommen wir zu unserer Mitte zurück, wo wir die sein können, die wir sein sollen?

Ich weiß, ich benötige Zeit, Zeit für mich, Zeit und Stille, um ganz bewusst und mit einer inneren Achtsamkeit diesen Fragen nachzugehen; Zeit, in der ich nicht einfach nur funktioniere, in der ich mich nicht vor allem damit beschäftige, die Anforderungen und Erwartungen der anderen zu erfüllen. Ich schließe mit der Frage: Was ist dein Weg, auf dem du vieles von dem einbringen kannst, was Gott dir geschenkt hat?

*Ich möchte mich nicht*
*mehr einsperren*
*von Bildern und Erwartungen*
*nicht durch Druck und nicht durch Leistung*

*Ich möchte mich nicht mehr*
*lähmen lassen*
*von meiner Angst, nicht geliebt zu sein*
*nicht durch Probleme anderer mit mir*
*und nicht durch Konflikte, die nicht meine sind*

*Ich möchte es nicht mehr*
*allen recht machen*
*und keine Zeit mehr für mich haben*

*Ich möchte*
*leben, was ich bin*
*authentisch und echt*

*nicht morgen*
*Jetzt!*

## Etwas zum Nachdenken, Nachsinne, Nachspüren ...

### 29. Drinnen oder draußen?

Jeder von uns möchte dazugehören, dabei sein, "in" sein. Das Gefühl ausgeschlossen zu sein, sich irgendwie nicht dazugehörig zu fühlen ist schmerzhaft. Ich weiß aus eigener Erfahrung, was es bedeutet, ausgeschlossen zu sein oder besser gesagt, was es für mich innerlich bedeutet, nicht wirklich dazuzugehören: Irgendwie fühle ich mich anders, der Partner fehlt, keine Kinder, mein Glauben ist mir wichtig, auch wenn Zweifel immer wieder vieles in Frage stellen. Gehöre ich dazu?

So haben wir wohl alle Kreise, zu denen wir gehören wollen: zu den Anständigen, zu den Nicht-Spießigen, zu den Gebildeten, zu den Modernen, zu den Bescheidenen ... zum Schützenverein, zum Fußballclub, zum Familienkreis. Wenn wir uns im Alltag beobachten, dann können wir verwundert feststellen, wie viel Zeit und Anstrengung wir aufwenden, damit wir auch wirklich dazu gehören.

Gemeinschaft, Miteinander, Sich-zurücknehmen-Können und nicht Maß aller Dinge sein zu wollen, gehört genauso zu den Herausforderungen des Lebens. Daraus kann Angst erwachsen, nicht dazuzugehören, nicht beliebt, geliebt und anerkannt zu sein. „Was sollen die Leute von mir denken?“, „Akzeptiert man mich noch, wenn ich eine ganz andere Meinung habe?“

Wenn bei mir dieses Gefühl von „sich außen vor fühlen“ auftaucht, so kann ich sagen, wird eine Wunde berührt, die plötzlich wieder anfängt zu schmerzen. Eine Wunde, die sich in meiner Lebensgeschichte begründet und die immer wieder „aufreißt“ und schmerzt und verbunden ist mit einem Bündel von Gefühlen, die ich nicht einmal immer genau sortieren kann. Ich weiß, dass mir dann Menschen gut tun, die mich verstehen, Freunde, die mich akzeptieren; ich weiß, dass es mir hilft, über meine Gefühle und Gedanken zu sprechen.

Ich glaube, wir alle haben das Grundbedürfnis, dazuzugehören. Wozu eigentlich? Wozu willst du gehören? Ich weiß: Du kannst ja nicht überall dazugehören!

In der Beratung habe ich immer wieder Menschen erlebt, die haben seit ihrer Kindheit beschämende Versagungen, Enttäuschungen und Erniedrigungen erdulden müssen. Immer wieder mussten sie spüren, dass sie nicht dazugehören, dass sie von den anderen nicht akzeptiert werden und sich zutiefst einsam fühlen.

Über sein ... draußen sein, nicht dazu gehören – wie viele erleben das täglich: Du kannst umgeben sein von Dutzenden Menschen – und bist doch tief einsam. Einsamkeit ist keine Frage der Menschenmenge. Du musst nicht allein sein, um einsam zu sein. Du kannst verheiratet sein, einen Beruf haben, Bekannte haben, Freunde – und dennoch bist du einsam. Ich denke auch an Menschen, die älter sind, wenn die Einsamkeit zunimmt: wer will mich noch, wer braucht mich noch? Ausgeschlossen sein durch die Einschränkungen, die dann kommen. Drinnen oder draußen? – das ist oft die Frage. In oder out?

Wozu will ich gehören? Es gibt bestimmte Gruppen und Verbände, da möchte ich gar nicht dazu gehören. Ja, ich muss mich entscheiden, wozu ich gehören will und jeder von uns entscheidet das auch – davon bin ich überzeugt, mehr oder wenig automatisch und unbewusst – aber die Entscheidungen treffen wir! Ich glaube, der Schlüssel ist das Vertrauen in die Beziehung, in die Beziehung zu Menschen, zu Freunden, die mir wichtig sind, letztlich in die Beziehung zu Gott: Er sagt „Ja“ zu mir. Dieses „Ja“ ist das Fundament meiner Persönlichkeit. Ich werde nicht übersehen. Von höchster Stelle nicht.

**Etwas zum Nachdenken, Nachsinnen, Nachspüren ...**

## 30. Mit Kinderaugen die Welt betrachten

Viele Geschichten oder alltägliche Beobachtungen bieten Anlässe, sein Leben zu reflektieren und den Blickwinkel zu verändern. Das Leben aus einer anderen Perspektive zu betrachten, aus der eines Kindes eröffnet neue Möglichkeiten. Kinder sind sehr wissende und einfühlsame Wesen. Sie spüren oft viel mehr, als sie sagen können; sie zeigen uns mehr, als es uns bewusst ist.

Kinder sehen das Leben aus einer anderen Perspektive und haben einen Blick für Kleinigkeiten. Sie geben sofort ein Feedback und sind ehrlich in ihren Aussagen. Sie sagen arglos die Wahrheit und halten mir oft einen Spiegel vor. Kinder wechseln unentwegt ihre Rollen und können problemlos ihren Blickwinkel ändern; sie sind eins mit sich und der Welt. Kinder drücken ihren Spaß und ihre Freude spontan aus. Sie führen ein leidenschaftliches Leben und vermögen mich anzustecken. Viele weitere Eigenschaften könnte ich hier noch aufführen.

Lebendigkeit, Vitalität und unverstellte Lebensfreude zeichnen kleine Kinder aus. Wenn ich mit meinem Patenkind unterwegs bin, dann wird mir immer wieder bewusst und deutlich gemacht, das „Entschleunigung“ angesagt ist. Schnell, so eben, rasch ... wenn ich mit ihm an der Hand los gehe, dann habe ich ziemlich schnell vergessen, wer wen führt. Schon das nächste Blatt, die vor ihm liegende Pfütze, der kleine Stein mitten auf dem Weg, all das ist wichtiger als irgendwo schnell anzukommen.

Oder – voller Freude, mitten in der Einkaufsstraße setzt er sich hin, betrachtet in aller Ruhe sein neues Buch, fasziniert und angezogen von den Bildern, mit frohen und leuchtenden Augen.

Es tut mir gut, das wahrzunehmen, es zu erleben, wie er einfach das zum Ausdruck bringt, was in ihm ist. Er zeigt mir eine „andere Welt“: Liebe zum Leben, grenzenlose Offenheit und Erwartung liegt in seinem Blick.

Das hilft mir, eigene Denk- und Handlungsmuster zu durchbrechen. Durch ihre besondere Sicht auf die Dinge und die Welt geben Kinder Anregungen zum Nachdenken. Sie fragen nach Gott und stellen Fragen, die mich in Kontakt mit der Vielfältigkeit meines Glaubens bringen. Das alles wirkt sich gewinnbringend auf meine eigene Spiritualität und Weiterentwicklung aus. Wie gut, dass Kinder meinen Lebens- und Glaubensweg begleiten

## Etwas zum Nachdenken, Nachsinnen, Nachspüren ...

### 31. Zeugin sein

Während der Erstkommunionvorbereitung wurde mir von einem Mädchen auf die Frage, wer für sie ein Glaubenszeuge sei, zur Antwort gegeben, ich sei für sie eine wichtige Glaubenszeugin. Das hat mich sehr berührt und zum Nachdenken gebracht.

Ich – stehend auf wackligen Beinen hinsichtlich meiner Standfestigkeit im Glauben, immer wieder von Zweifel und Fragen heimgesucht, auf der Suche nach etwas, dass hinter meinem Leben ein großer Sinn steht, den es zu entdecken gilt, oft alles in Frage stellend, mal mit mehr – aber oft mit einem Gefühl von Gottesferne verbunden, soll Glaubenszeugin sein?

In meinem Leben, in bzw. mit meiner Arbeit, möchte ich die Menschen eigentlich vor allem von sich selbst überzeugen und sie ermutigen, mit dem, was sie sind und können, ihren Weg zu gehen. Ich möchte, dass sie entdecken, dass sie, wenn sie tiefer schauen, dahinter schauen, vielleicht eine Ahnung davon bekommen, das Glauben mit Hoffnung, mit Sehnsucht und mit einer Annahme zu tun hat, die es immer wieder im Leben zu entdecken gilt, die viel größer, bunter und schöner ist, als sie es bisher für möglich gehalten haben.

Jedoch – um Menschen zu motivieren, sich mit den liebenden und gnädigen Augen Gottes zu sehen, sollte ich auch mich mit diesen Augen lernen anzusehen, sonst nimmt es mir niemand ab ... und da tauchen dann die ersten Schwierigkeiten auf. Wer ist für mich eine authentische Glaubenszeugin oder ein authentischer Glaubenszeuge?

Ich durfte auf meinem Lebens- und Glaubensweg einige Menschen – Frauen und Männer – kennen lernen, die mich überzeugt haben, die für mich sehr überzeugt ihren Glauben im Alltag leben, die dazu beitragen, dass Glauben, das die Frage nach Gott, letztlich nach dem Sinn des Lebens, immer wieder immer lebendig ist.

Wie kann ich andere überzeugen, dass der Glaube mir Halt, Sicherheit und Geborgenheit schenkt, dass er mir eine wichtige Orientierungshilfe ist? Ich glaube – so habe ich es jedenfalls erlebt – dass die Abgründe, die Dunkelheiten und Höhepunkte des Lebens es heute sind, an denen sich entscheidet, ob wir Menschen mit der Zuversicht unseres Glaubens unseren Weg gehen.

Und – wenn ich nicht brenne, kann ich niemanden überzeugen, kann ich niemanden entzünden. Überzeugen kann ich, wenn der oder die andere spürt, dass es authentisch und echt ist, dass keine Show gezeigt wird, dass alles sein darf, wie es ist. „Etwas tun, als wäre es die erste und ganz große Liebe“ – habe ich mal gehört – ja, mit dem Feuer, mit der Begeisterung kann ich überzeugen, kann ich Zeugin sein!

## Etwas zum Nachdenken, Nachsinnen, Nachspüren ...

### 32. Glaube soll frei machen

Irgendwie lässt mich das Wort „Bemühungen“ nicht los. Wenn ein Arbeitnehmer auf seinem Zeugnis findet „Er hat sich stets bemüht“, so wird dieses ist als schlecht beurteilt. Soviel Bemühung, soviel Abgemühte – auch in unserer Kirche. Wir sollen uns nie mit dem Erreichten zufrieden geben, sondern immer darum bemühen, die bestehenden Verhältnisse zum Besseren zu wenden. Wir selbst sollen uns mühen, besser zu werden – das sind Sätze, die ich in mir verinnerlicht habe.

Ich bemühe mich in der täglichen Arbeit, manchmal über mein Maß hinaus, mit der Folge, dass ich mich ausgepowert, manchmal ausgenutzt fühle.
Ich bemühe mich um Freundschaften und stelle immer wieder fest, dass ich meistens diejenige bin, die Kontaktpflege betreibt.
Ich bemühe mich im Glauben, um Echtheit und Glaubwürdigkeit, eine gute Christin zu sein und werde manchmal dafür nur belächelt.
Ich bemühe mich, Kindern, Familien Freude am Glauben zu vermitteln und auch mit mehr oder weniger „fortlaufenden“ Erfolg.

Seit Jahren bemühen sich viele Gemeinden darum, Jugendliche für das Leben in der Gemeinde zu gewinnen: für eigene Gruppen, durch Jugendgottesdienste, durch besondere Angebote und Aktionen. Wofür? Warum? Sollen wir uns denn nicht anstrengen? Uns bemühen? Die Bemühung um besser besuchte Gottesdienste. Die Bemühung um ein besseres Erscheinungsbild der Kirche? Die Bemühung für die am Rande Stehenden? So sehr wir uns auch mühen, erlebe ich immer wieder Krampf, Freudlosigkeit und Unzufriedenheit.

Ja, es gibt eben viel Konkurrenz heutzutage, Internet und andere Medien. Vielleicht sind wir auch nicht attraktiv genug. Attraktiv bedeutet ja "anziehend". Könnte es vielleicht sein, dass wir viel zu sehr an den äußeren Bemühungen hängen bleiben, an

Uhrzeiten, und Orten, an Personen und Organisationsfragen, statt unsere eigene innere Anziehungskraft zu pflegen und zu erhöhen?

Anstrengendes „Abrackern“, verkrampftes unfreies Leben – das wirkt auf keinen Fall anziehend und attraktiv. Wie viel vergebliche Mühe gibt es noch in unserem Leben; wie viel Abquälen und Leistungsdenken; wie viel Angst, das Falsche zu tun und wie viel Anstrengung, das Gute zu tun. Es hängt nicht alles von dem ab, was ich mache.

Unser Glaube kann und soll uns frei machen und das heißt, das zu leben, was in uns verwirklicht werden will – ohne krampfhafte äußere Anstrengung. Den Glauben als Geschenk (er)leben, ihn aus der christlichen Freiheit heraus in dieser Welt bezeugen, als ein von Gott angenommener Mensch, darum geht es doch. Der Glaube als befreiende, als frei-machende Erfahrung, und nicht der Lohn von Anstrengung, Mühe und Bemühungen.

Ich bin mehr als die Summe meiner Taten – und auch mehr als die Summe meiner Untaten – habe ich gelesen – wie wahr! Es genügt, wenn ich einfach nur mein Christsein lebe; in Freiheit, frei von den Zwängen des ständigen Bemühens, frei von den Zwängen, dieses darf ich nicht und jenes muss ich noch. Ja – wenn ich das verinnerlichen könnte, dann gäbe es wesentlich mehr Leichtigkeit in meinem Leben! Wie leicht würde es sich anfühlen, in Gelassenheit und mit Dankbarkeit wahrzunehmen, dass wir im Wesentlichen die sind, die wir eben sind – und nicht die, die wir gerne aus uns machen würden. Leben wir unser Leben – leben wir das wahre Leben!

**Etwas zum Nachdenken, Nachsinnen, Nachspüren ...**

## 33. Wohin dein Herz dich führt!

„Wohin dein Herz dich führt“, hörte ich in einer Predigt und dieser Gedanke hat mich inspiriert diesen Impuls zu schreiben.

Wenn ich das immer so genau wüsste – wohin mein Herz mich führt? Und, wenn ich immer das Vertrauen hätte, mich führen zu lassen, das Vertrauen zu haben, das mich letztlich einer führt, dem ich vertrauen kann.

Ich habe immer wieder das Gefühl, nicht weiter zu wissen und das Ziel nicht vor Augen zu haben. Ich spüre eine innere Unruhe, eine Spannung in mir, ein Suchen und es fällt mir schwer, es einfach „gehen zu lassen“.

Gehen, pilgern, wandern – viele haben die Sommerzeit dazu genutzt, zu reisen, neue Wege zu erschließen.

Auf einer Wanderung beschreite ich Wege, die leicht zu gehen sind, aber auch solche die beschwerlich und mühsam sind. Manche Wege sind so stark begangen, dass sie ausgetreten sind und selbst ohne Wegmarkierung als solche ersichtlich sind. Aber es gibt auch solche Wege, die als Wanderwege fast gar nicht zu erkennen sind, Wege, die so zugewachsen sind, dass sie scheinbar nur auf der Wanderkarte existieren, sowie solche, die scheinbar im Nichts enden.

Wie ist es da mit den Wanderwegen des Lebens, mit den je eigenen Lebenswegen? Sind diese nicht auch oft sonnig, oder manchmal regnerisch oder gar neblig, oder voller Freude und Glück, ohne Hindernisse und ganz gerade und eben? Wie sind meine Wege beschaffen, berühren sie gelegentlich den Himmel?

Ich benötige Orientierungshilfen, so wie beim Autofahren das Navigationsgerät mir eine große Hilfe geworden ist, brauche ich menschliche Weggefährten und Weggefährtinnen, die mir helfen aus einem anderen Blickwinkel zu sehen. Jedoch – letztlich können noch so viele Menschen sagen, was für mich gut und richtig ist, welchen Weg ich zu gehen habe – entscheiden muss ich für mich!

Bemerkenswert jedoch ist, dass jeder Weg mindestens eine menschlich mögliche Option bietet, ihn zu gehen. Aber immer, und das ist das eigentlich spannende, können wir auf all unseren Wegen darauf vertrauen, dass Gott für den Menschen stets noch eine Option mehr hat, eine Wegführung, beziehungsweise einen Weg, mit dem der Mensch unter Umständen nicht rechnet; einen Weg, den der Mensch unter Umständen nicht erwartet.

Ich wünsche uns allen immer wieder den Mut, eingefahrene Wege zu verlassen, Wege, die uns bisher nicht weitergebracht haben, und den Weg zu gehen, wonach das Herz sich sehnt und wohin uns unser Herz führt. Bleiben wir unterwegs mit einem vertrauensvollen JA!

## Etwas zum Nachdenken, Nachsinnen, Nachspüren ...

### 34. Aufbruch zu neuen Ufern

Zugegeben, wir Menschen haben es gerne nett: gemütlich, nicht anstrengend, alles geht seinen Gang, man weiß, woran man ist. Dieses Gefühl ist mir sehr vertraut, man hat sich eingerichtet, arrangiert, lebt sein Leben, es fließt gleichförmig dahin. Ja, das darf ich grundsätzlich sagen, ich ziehe das Vertraute dem Befremdlichen vor, die verlässlichen Wege, die guten und bewährten Gewohnheiten, alles läuft, ist geregelt – da fühle ich mich sicher, da sind Veränderungen nicht notwendig. Und doch, trotz allem, in meinem Leben gab es irgendwann den Zeitpunkt, da spürte ich in mir eine Unzufriedenheit, eine leichte Aufbruch Stimmung, eine innerliche Sehnsucht nach Mehr, Fragen machten sich breit, ob das mein Leben gewesen sein soll.

Andrè Gide (1869-1951), ein französischer Schriftsteller hat einmal gesagt: „Man entdeckt keine neuen Kontinente ohne den Mut, alte Küsten aus den Augen zu verlieren" – oder auch diese Worte stammen von ihm: „Der Mensch kann nicht zu neuen Ufern aufbrechen, wenn er nicht den Mut aufbringt, die alten zu verlassen." „Alte Küsten" zu verlassen, einen neuen Aufbruch wagen – hin zum Leben – das mag sich zunächst ganz leicht anhören. Der Aufbruch gehört zu unserem Leben, es gibt kein Leben, das immer bleiben kann, wie es ist. Leben ist nicht nur beständig und einförmig, sondern wechselhaft und vielfältig, bunt und immer wieder überraschend – das ist lebendiges Leben, Leben in Fülle.

Weiterhin im gleichmütigen Trott leben und arbeiten, mehr oder wenig zufrieden zu sein oder einen Aufbruch wagen, sich neuen Herausforderungen stellen - verbunden mit Risiken und Nebenwirkungen, vielleicht auch mit Konsequenzen, die ich im Augenblick noch gar nicht weiter denken möchte. Wenn wir lebendig bleiben wollen, gilt es, manches loszulassen, Neues zu entdecken und zu finden.

Ich spüre in mir eine innere Zerrissenheit, ein Hin-und-hergeworfen-werden, wie ein Tennisball, zwischen zwei Welten ... es soll so bleiben wie es ist, vertrauter Alltag, gleichförmiges Sein, Sicherheit ... und gleichzeitig spüre ich ein starkes Bedürfnis, eine starke Sehnsucht nach mehr, nach einer Veränderung, vielleicht noch mal etwas ganz anderes machen, der Eintönigkeit entfliehen.

Eine Entscheidung musste ich treffen, was mir immer wieder sehr schwer fällt. Ich weiß, wenn ich an einer Wegkreuzung stehe, dann muss ich mich auch für einen Weg entscheiden und damit gegen drei andere Wege – unschlüssig stehen bleiben, damit komme ich nicht weiter. Wenn ich vorwärts kommen will, dann muss ich mich für einen Weg entscheiden und von anderem Abschied nehmen.

Eine unruhige Zeit, immer wieder wankend zwischen den zwei Entscheidungsmöglichkeiten, lieber beim Alten und Vertrauten zu bleiben und die neuen Möglichkeiten, die Wagnis und Risiko beinhalten, vermeiden. Unschlüssig hin und her schwanken, abwägen, vertraute Menschen um Rat fragen, Meinungen einholen, ja sich ein eindeutige Zeichen vom Himmel zu wünschen, das mir die Sicherheit gibt, das Richtige zu wählen.

Mein Herz hat irgendwann gesprochen, auch wenn sich im Kopf noch ein wirres Chaos verbreitete, sich die Gefühle auf Achterbahnfahrt befanden. Ich glaube, jeder Aufbruch ist ein Bruch im Leben. Es muss etwas abgebrochen werden, um neu aufbrechen zu können. Es gibt keinen Aufbruch ohne Abschied, ohne Loslassen. Das, was war, ist nicht mehr; Vertrautes geht mir verloren und ich bin verunsichert, innerlich zittrig und hin- und hergerissen. Ein Aufbruch ist ein Moment, in dem ich genau auf der Grenze stehe. Es gibt kein Zurück mehr und der Schritt in die Zukunft erfordert von mir Mut; Mut zu neuem Leben.

**Etwas zum Nachdenken, Nachsinnen, Nachspüren ...**

## 35. Eine gute Ambiente

Wenn wir eine Einrichtung, ein Hotel oder ein Lokal besuchen, dann sprechen wir gern von einem „Ambiente". Das Wort meint unsere Umgebung, den Raum um uns herum, die Atmosphäre. Ein gutes Ambiente lädt ein, darin gern zu verweilen; ein schlechtes Ambiente stößt uns eher ab. Ambiente meint auch den Geist oder die Atmosphäre, welche in einer Einrichtung, in einem Haus, ja auch in unserer Kirchengemeinde vorherrschen.

Herrscht in unseren Gemeinden, in unseren Gruppen, in unseren Dienststellen ein gutes Ambiente? Eine gute Atmosphäre? Meine Gedanken gehen hin zu all den verschiedensten Gruppen und Vereinen, zu Menschen, die sich ehrenamtlich engagieren und einsetzen – wie ist dort die Atmosphäre untereinander? Herrscht dort ein guter Geist, ein Geist des Einander-Akzeptierens und der Wertschätzung? Kann ich offen meine Meinung äußern, mich einbringen, meine Vorstellungen zum Ausdruck bringen? Oder ist eine „Hinter-dem Rücken-redende-Mentalität" spürbar?

Schauen wir auf das „Ambiente" in unseren beruflichen Tätigkeitsfeldern: Der eine möchte sich profilieren, auch wenn es auf Kosten des anderen geht, die nächste fühlt sich nicht wahrgenommen und zieht sich enttäuscht zurück, dem anderen passt die ganze Richtung nicht und er tritt gleich ganz aus oder redet hinten herum. Dann sehe ich Menschen, die auf ihren eigenen Vorteil bedacht sind, die alles tun, um gut dazustehen. Das mag damit zusammen hängen, dass wir auch in gewisser Weise Existenzängste haben. Behalte ich meinen Arbeitsplatz? Mache ich meine Arbeit gut? Wie reden die Anderen über mich? Und daraus resultiert oft die Angewohnheit mehr zu scheinen als zu sein. Ich denke, es ist oft nur eine natürliche Reaktion – und doch hat es Auswirkungen auf die Gesamtatmosphäre.

Und das ist wichtig und entscheidend für eine gute Arbeit, sowohl an unseren Arbeitsplätzen als auch in allen ehrenamtlichen Bereichen: dass das Klima stimmt, dass wir uns vertragen, umeinander bemühen, ehrlich miteinander sind, auch wenn es manchmal schwierig ist; dass wir nicht nebeneinander her arbeiten, sondern miteinander unterwegs sind. Dazu gehört es auch, dass versteckte Konflikte an die Oberfläche geholt werden müssen, dass ehrlich und offen miteinander gesprochen wird, dass Dinge beim Namen genannt werden dürfen.

Über die Stimmung oder die Atmosphäre teilt sich der „Geist" einer Gemeinschaft mit. Ist ein „guter Geist" spürbar? Ein Geist, in dem ich mich selbst entfalten kann und in dem ich froh und kreativ werden kann, der mir Mut macht? Was trage ich dazu bei, dass ein guter Geist herrscht, eine wohltuende Atmosphäre spürbar ist? Oder herrscht angespannte Stimmung? Ist oberflächlich gesehen alles in Ordnung, unter einer Maske von scheinbarer Harmonie schwellen jedoch Konflikte, unausgesprochene Vorwürfe, herrscht ein Klima der Unzufriedenheit und mangelnder Wertschätzung?

In einem guten Ambiente können wir uns entfalten, fühlen sich Menschen angenommen, können Kinder und Jugendliche lernen, machen positive Erfahrungen. Ich finde es bereichernd, mitunter einen bescheidenden Beitrag leisten zu können, dass ein Kind oder ein junger Mensch sich entfalten und seine Gaben mit Freuden entdecken kann. Wir sollten überall, wo uns Menschen anvertraut sind, verstärkt Aufmerksamkeit und Anstrengung investieren und mithelfen, dass grundsätzlich eine gute Ambiente, ein wohlwollendes Klima herrscht, dass mit Freude und innerer Zufriedenheit – und manchmal heißt das auch den Mut entwickeln, gegen den Strom des jeweiligen Zeitgeistes zu schwimmen. Ich wünsche uns allen eine gute Ambiente ...dort wo wir leben, arbeiten und uns engagieren!

**Etwas zum Nachdenken, Nachsinnen, Nachspüren –**

## 36. Gewisse Gründe ...Gewissensgründe ... Gewisse Bisse – Gewissensbisse

Was ist eigentlich das Gewissen? Wir spüren unser Gewissen vor allem, wenn wir ein schlechtes Gewissen oder Gewissensbisse haben. Und damit meine ich nicht nur, Gewissensbisse zu bekommen, wenn ich wieder einmal mit schlechtem Gewissen, „den gewissen Biss“ zur Tafel Schokolade genieße oder mich mit gewissen Gründen beruhige, um mich nicht sportlich betätigen zu müssen.

Mein Gewissen ist sehr mächtig und ich kann bei mir nicht „vom stillen Mahner“ sprechen. Für mich ist das Gewissen keine leichte Angelegenheit, nein, mein „inneres Gegenüber“ macht mir manchmal das Leben schwer. Gewissensbisse ... ja, mit einem unguten Gefühl in meinem Innern spüre ich, dass mein Verhalten vor mir nicht in Ordnung ist. Immer wieder spüre ich bei getroffenen Entscheidungen, Gewissensbisse, fühle mich verurteilt. Mein Gewissen – das rigorose „Über-Ich“ – für mich ganz gewiss immer wieder eine innere Auseinandersetzung, ein „innerer Kampf“.

Sicherlich hat das Gewissen etwas zu tun mit den Werten, die wir durch unsere Eltern und unser soziales Umfeld vorgelebt bekommen haben. Deswegen ist das „schlechte Gewissen“ beim Verstoß gegen die inneren Werte und gegen die erwarteten Werte so etwas wie ein innerer hinweisender (moralischer) Zeigefinger. Psychologisch gesagt, entwickeln Kinder aus den Regeln der Eltern und Erwachsenen ein „Über-Ich“. Jeder trägt Sprüche in sich, die auch im hohen Erwachsenenalter prägen: „Sitz gerade! Ein Junge weint nicht! Mit Essen spielt man nicht!“ Entscheidend ist jedoch der Schritt vom Über-Ich zum Gewissen, zum eigenständigen Bewusstsein, was gut und was böse ist.

In meinem Gewissen reflektiere ich mein Handeln vor mir selbst, sozusagen wie ein innerer Seismograph. Wenn mir bewusst wird, was gut und böse ist, muss ich es auch umsetzen und verantworten. Dazu drängt mich die Verantwortung vor mir selbst. Wenn ich mich selber ernst nehme, wenn mir die anderen Menschen und Gott genauso wichtig sind, dann entwickele ich mich zu einem gewissenhaften Menschen. So gesehen ist das Ge-Wissen mehr als nur Wissen, sondern das innere Gespür vom richtigen Handeln in der entsprechenden Situation.

Leicht geschrieben und doch immer wieder schwierig umzusetzen, in konkreten Situationen zu entscheiden, welcher Weg der richtige ist. Anstrengend, wenn ich Regeln, Normen, Gebote und Vorgaben überdenken muss, wenn ich um des Gewissens willen einsame Entscheidungen treffen muss. Befreiend, wenn ich mir selber hinterher in die Augen schauen kann, wenn ich mir hinterher selber keine Vorwürfe machen muss.

Papst Benedikt XVI hat bei seinem Rücktritt ausdrücklich auf das Gewissen hingewiesen: „Nachdem ich wiederholt mein Gewissen vor Gott geprüft habe, bin ich zur Gewissheit gelangt, dass meine Kräfte infolge des vorgerückten Alters nicht mehr geeignet sind, um in angemessener Weise den Petrusdienst auszuüben ...“. Erst nach einer reiflichen Gewissensprüfung hat der Papst sich für einen Rücktritt entschieden.

Ja – bei der Frage des Gewissens geht es nicht allein darum, ob ich morgens mit ruhigem Gewissen in den Spiegel schauen kann. Für mich ist das Gewissen schon ein ganz besonderer Ort im Menschen. So wünsche ich uns allen, dass wir aus den vielen Stimmen die Stimme heraushören können, die nicht verurteilt, sondern uns innerlich Freiheit und die Gewissheit schenkt: Du bis ganz gewiss wertvoll und kostbar!

Ich schließe mit einem Auszug aus einem Lied, in dem die Band „Die Toten Hosen“ sich mit dem „Gewissen“ beschäftigt hat:

***Gewissen***

*„Ich bin immer hinter dir,*
*jeden Tag von früh bis spät –*
*Ich bin in deiner Nähe,*
*ganz egal, wohin du gehst.*

*Ich bin das schlechte Gefühl,*
*das du hin und wieder kriegst –*
*und das du ohne Schwierigkeit*
*einfach zur Seite schiebst.*

*An deinem letzten Tag hol‘ ich dich ein –*
*Nehm‘ dich fest in meinem Griff.*
*Dann kommst du nicht mehr an mir vorbei.*
*Ich zeig‘ dir dein wahres Ich.“*
*(Auszug, aus dem Album ‚Kauf mich‘, 1993)*

## Etwas zum Nachdenken, Nachsinnen, Nachspüren ...

### 37. In der Ruhe liegt die Kraft!

In der Ruhe liegt die Kraft – sagen wir und eigenartigerweise habe ich diesen Satz in der vergangenen Woche einige Male gehört. Ruhe ist ein „eigenartiges" Thema, wo es fast nirgends mehr still ist, wo es so laut geworden ist, und jeder immer noch lauter sein muss als der andere, um gehört zu werden. Die Botschaften werden immer lauter und schriller, so dass manche Kinder gar nicht mehr leise reden können, weil sie immer andere übertönen müssen, und sei es der Fernseher.

Ruhe, aus der wir Kraft schöpfen, ist ein wichtiges Thema geworden, nicht nur für die, die keine Zeit mehr haben, sondern auch für die, die zu viel davon haben; nicht nur für die Aktiven, die ständig in Bewegung sind, sondern auch für die in ihrer Beweglichkeit Eingeschränkten. Ruhe, aus der die Kraft zum Leben fließt wie erfrischendes Wasser aus einer Quelle.

Wir stehen mitten im Leben, stehen bei dem, was uns beschäftigt und umtreibt. Und manchmal kommen wir uns auch vor wie Getriebene, wie Menschen, die äußerlich und innerlich nicht zur Ruhe finden oder finden wollen, so erlebe ich mich jedenfalls immer wieder. Denn immer muss etwas gehen oder laufen: das Radio, der Fernseher, die Musik im Ohr, das Spiel auf dem iPhone, das nächste Ziel, die nächste Aufgabe. Stillstand ist in unserer Welt nicht vorgesehen. Denn Stillstand bedeutet irgendwie Rückschritt oder Langeweile. Wenn nichts los ist, sich nichts tut, tun wir uns schwer das Nichtstun, die Stille, das einfache Dasein auszuhalten.

Aber – in der Ruhe liegt die Kraft und aus dieser Ruhe kommt die Kraft. Manche findet diese Ruhe in der Natur, im Wald, wenn die Motorengeräusche nur noch aus der Ferne herandringen, wenn es still wird, dass ich wieder einmal Vogelstimmen höre, wenn mit jedem Schritt ein bisschen mehr abfällt von all den Gedanken, wenn die Lunge tief die frische Luft atmet.

Mancher findet Ruhe in der Musik, weil sie die innersten Schichten der Seele anspricht, weil sie mich hineinnimmt in einen anderen Raum, mich bettet in Klänge und Melodien, mich heraus zieht aus meiner gewohnten Welt. Manchem geht es beim Lesen eines guten Buches so: von den eigenen Gedanken loskommen, in die Weite geführt werden, zu neuen Horizonten.

Wir brauchen den Rhythmus, von Beschleunigung und Entschleunigung, einmal bewusst langsam werden, den Rhythmus von Anspannung und Entspannung, den Rhythmus von Lärm und Stille. Um den Lärm brauchen wir uns nicht zu bemühen – der kommt heute von allein (dafür brauchen wir nicht noch künstlich zu sorgen, indem wir auch noch beim Spazierengehen oder Joggen per Walkman Lärm auf unsere Ohren einfließen lassen). Aber wann haben wir das letzte Mal Ruhe und Stille erlebt?

Terminkalender, das unentbehrliche Handy, Smartphone, Termine werden geschäftig eingetippt, das Handy nicht aus den Augen gelassen, erreichbar sein zu jeder Tages- und Nachtzeit! Wir hetzen und lassen uns hetzen, wir lassen es zu, dass sich Termin an Termin reiht und wir keine freie Zeit mehr haben. Es liegt an uns! Es liegt an mir und an dir!

Die Stille ertragen, das Nichts aushalten, das braucht Übung, bis ich fähig werde, die Stille und Ruhe zu genießen. Ich erlebe immer wieder, wie wohltuend es ist, Stille zu erfahren, zu spüren, dass die Gedanken und Gefühle wieder fließen und zu erfahren, dass Ruhe und Stille nicht leer sind, sondern dass ich in der Stille ein Stück den Himmel auf Erden erfahre.

## Etwas zum Nachdenken, Nachsinnen, Nachspüren ...

### 38. Für sich selbst sorgen - Selbstfürsorge

Es gibt Tage, da weiß man nicht mehr, wo einem der Kopf steht. Vieles sitzt einem im Nacken, so viel ist zu tun, so viel zu erledigen, zu organisieren, zu managen und zu bewältigen. Man hat so viel um die Ohren, dass man sich wie „eingekeilt" fühlt, gefangen in der Tretmühle zahlreicher Beschäftigungen, Aufgaben und Pflichten. Diese Tage kenne ich gut, und an solchen Tagen fühle ich mich wie in einem Hamsterrad und habe das Gefühl, nur „gelebt zu werden".

Tausend Dinge zerren an einem, jeder will etwas von dir, die Aufgaben wachsen einem über den Kopf, die Erwartungen sind vielfältig, ein Termin jagt den anderen. Herrscht dann noch bei der Arbeit Druck, vielleicht sogar noch ein schlechtes Betriebsklima, dann kann es sein, dass meine innere Balance nicht mehr stimmig ist, dass ich mich innerlich leer und traurig fühle.

Doch geht es uns nicht oft so, dass wir allen anderen Aufmerksamkeit schenken, nur nicht uns selbst, für alle anderen Zeit haben, nur nicht für uns selbst, es allen recht machen wollen und den Erwartungen und Ansprüchen entsprechen und uns dabei selbst verlieren, uns selbst vergessen, auf der Strecke bleiben? Dabei können wir auf Dauer nur für andere da sein, wenn wir uns selbst nicht vernachlässigen, sondern darauf achten, dass es uns gut geht.

„Sei wie für alle anderen auch für Dich selbst da, oder jedenfalls sei es nach allen anderen." – Bernhard von Clairveaux (1090-1153), Gründer der Zisterzienser und einer der bedeutendsten Theologen des Mittelalters schreibt diesen Satz an den damaligen Papst Eugen III. Aber wie geht das, immer wieder einmal für sich selbst da zu sein? Es gibt ja viele Gründe, sich selbst Zeit und Aufmerksamkeit zu versagen. Alles liegen lassen? Einfach mal „blau" machen? Das geht doch nicht! Das kannst du doch nicht machen! Im Gegenteil: Du musst dran bleiben, präsent sein, mithalten, noch mehr Einsatz, noch schneller, noch besser, keine Schwäche zeigen, ja nicht schlapp machen ... mir klingen solche Sätze in den Ohren.

Vielleicht haben die Menschen in meiner Umgebung, meine Freunde, meine Kolleginnen ein gutes Gespür dafür, wie sie mich „herumkriegen", wie sie ein leises „Nein" in ein „Ja, mache ich" verwandeln können. Sie brauchen mich nur zu loben und zu sagen, dass keiner etwas so gut könne wie ich. Und schon lasse ich mich zu etwas überreden, was ich bei ruhigem Nachdenken nie getan hätte. Wer kennt das nicht? Wenn dieses „Augen-zu" zur Dauerhaltung wird, wenn ich die Augen mir und meinen eigenen Bedürfnissen gegenüber nicht mehr aufmache, dann ist diese Haltung nicht mehr lebensförderlich, sondern lebenseinschränkend und krankmachend.

Wenn ich ein Gespür für mich habe, dann weiß ich um mein eigenes Maß, das fühle ich. Die anderen Menschen haben das Recht, mich zu fragen, ob ich das oder jenes tun könne. Ich habe allerdings auch das Recht, nein zu sagen und mich zurückzuziehen, wenn ich es brauche. Und – jeder und jede darf Erwartungen haben; jedoch, ich darf auch nein sagen, ich entscheide, welche Erwartungen ich erfüllen möchte und welche nicht!

Ja – es geht um Achtsamkeit für sich selbst, es geht darum, was wir gewöhnlich ganz gut können, nämlich uns liebevoll um andere kümmern – und diese liebevolle Fürsorge auf uns selbst anzuwenden, sozusagen, unseren inneren „fürsorglichen" Scheinwerfer auf uns selbst zu richten – das wünsche ich mir und uns allen!

**Etwas zum Nachdenken, Nachsinnen, Nachspüren ...**

## 39. Kommunikation zwischen „Online- und Offline-Welt“

Wir haben Smartphones, wir haben Notebooks, das Internet bestimmt uns, wir leben darin, wir sind verbunden miteinander. Grundsätzlich ist dagegen nichts zu sagen, nutze auch ich viele Vorteile dieser Kommunikationsform. Allerdings bin ich immer wieder herausgefordert, Grenzen aufzuzeigen, nicht unmittelbar zu reagieren.

Deutlich vor Augen geführt wurde mir die Wichtigkeit und Bedeutung des Handys gerade bei der letzten Freizeit: Da sitzt ein junger Abiturient bei den Mahlzeiten und kommuniziert gleichzeitig mit seinem Smartphone via Internet mit den verschiedensten Personen. Die hautnahe Kommunikation, dort wo eine Herzensverbindung hätte stattfinden können, bleibt aus, ist nicht möglich, weil ständig ein Blick auf das Handy geworfen wird, um eingehende „wichtige“ Nachrichten auch unmittelbar zu kommentieren, um seine Online-Kommunikation zu regeln und in der Ferne „Nähe zu den vermeintlichen Freunden“ zu erleben. Zum einen habe ich dieses Verhalten als Missachtung jeglicher Höflichkeitsformen empfunden und zum anderen hat mich dieses Verhalten nachhaltig sehr beschäftigt.

Der soziale Einfluss der Digitalisierung auf die Kommunikation ist unübersehbar und für mich sehr beängstigend. Kommunikation, Begegnung, Beziehung spielt sich bei vielen jungen Menschen in virtuellen Räumen ab: in Chatrooms und auf den vielen Bühnen, die das Internet der eigenen Selbstdarstellung bietet. Es verändert die sozialen Beziehungen innerhalb der Familie oder mit Freunden ebenso wie die Gesellschaft im Ganzen.

Aus den vielen kleinen Kommunikationshäppchen der Postings wird in der Summe keine echte Begegnung. Es entsteht nur der Schein, als wären wir nie allein, doch in Wirklichkeit schenkt uns niemand seine ganze echte Aufmerksamkeit.

Freundschaft und Gemeinsamkeit entstehen nämlich da, wo einer Zeit und Geduld für den anderen hat, ihn wirklich wertschätzt; wo wir einander offen begegnen; wo miteinander gesprochen wird; wo wir uns erzählen lassen, was wir erlebt und was uns dabei berührt hat; wo wir uns auf lebendige Beziehungen und Begegnungen im Hier und Jetzt einlassen. Ich möchte jemanden begegnen, weil ich nicht bloß die äußere Fassade anschauen möchte, weil ich mir eine wirkliche Verbindung mit dem Herzen, „von Herz zu Herz" wünsche. Wenn eine wirkliche Verbindung und Beziehung besteht, wenn einer mein Herz anschaut, dann sieht er Zweifel, Ängste, Hoffnungen, traurige und frohe Erfahrungen, dann spürt er, was mich begeistert und was mir Sorgen bereitet, dann bin ich berührbar und verletzlich – werde aber gehört und gesehen.

Ich wünsche mir, dass mein Gegenüber schaut wie Gott: mit ganz viel Freundlichkeit, mit Liebe, mit Freundschaft, dass er mich wertschätzt, mir Rückmeldungen gibt. Auf diese Weise kann Gemeinschaft entstehen, und kann Freundschaft oder Beziehung wachsen. Eine andere Art Freundschaft als mit den 1000 Freunden auf meiner Facebook-Seite! Ich bin während der Freizeit dem jungen Heranwachsenden nicht wirklich begegnet; mir war es nicht möglich eine Verbindung von „Herz zu Herz" aufzubauen; es ist bei einer „Offline-Beziehung" geblieben; eine wichtige und wertvolle Erfahrung ist diesem Menschen und mir erwehrt worden.

„Alles wirkliche Leben ist Begegnung" hat der jüdische Religionsphilosoph Martin Buber einmal gesagt und damit meint er wohl, dass sich in jeder Begegnung Leben ereignet und umgekehrt, dass Leben nur wirklich, also echt und wahrhaftig ist, wenn es in Begegnungen stattfindet. So wünsche ich uns immer wieder gute und erfüllte Begegnungen, ich wünsche uns, dass wir allen Menschen mit Freundlichkeit und herzlicher Offenheit begegnen können und dass wir schließlich erfahren, dass jede menschliche Begegnung eine Begegnung mit Gott selber ist.

## Etwas zum Nachdenken, Nachsinnen, Nachspüren ...

### 40. Gut - gut gemeint?!

Meine Gedanken führen heute zu dem Ausspruch, den wir alle kennen: "Ich habe es doch gut gemeint oder ich meine es doch nur gut mit dir!" „Ich will doch nur Dein Bestes! Ich meine es doch nur gut!" Diese Aussprüche sagen Eltern zu ihren (pubertierenden) Kindern und erreichen das Gegenteil von dessen, was sie wollen. „Ich habe es gut gemeint" – heißt die Entschuldigung, wenn etwas völlig missglückt ist.

Es gibt Menschen, die glauben, sie wüssten, was gut für andere ist. Die mischen sich ein, meistens ohne, dass man sie gefragt hätte. Und sie haben dann auch noch einen gut gemeinten Tipp parat, wie man es gut oder natürlich noch besser machen könnte im Leben. Ihre "Ratschläge" können schnell "Schläge" werden. Und: das Gegenteil von "gut" ist "gut gemeint".

Oder – ich denke an trauernde Menschen und unsere Hilflosigkeit, die richtigen Worte zu finden. Auch wenn die Worte noch so gut gemeint sind, sie erreichen das Herz nicht. Sie können den Panzer der Trauer nicht durchdringen. Und dann kommen in unserer Hilflosigkeit Trauernden gegenüber solche Floskeln wie „Kopf hoch!" oder „Es wird schon wieder." Gut gemeint – aber tut es wirklich gut?

Bei mir taucht die Frage auf, wie kann ich wissen, was gut für den anderen ist? Ich denke gerade an viele Abiturienten, die nicht genau wissen, wohin ihr Weg führt, die bei der Wahl ihres Studienfaches unsicher sind. Oder doch eher eine Ausbildung? Ich höre Eltern, die doch nur das Beste für ihre Kinder wollen. Es ist für mich gut, mir tut es gut, mein Selbstbewusstsein wird gestärkt, wenn beispielsweise meine Tochter, mein Sohn ein Studium aufnimmt – und dann noch meinen Traumberuf realisiert. Gut gemeint? Was ist gut für mich? Für mein Leben?

Ja, was tut mir gut? Sicher gibt es hier und heute viele Antworten auf diese Frage. Massagen, Sauna, Musik, Freizeit, Entspannung, ein guter Krimi, Urlaub, gemeinsames Laufen … Das persönliche Wellness-Programm sieht für jede und jeden von uns ganz unterschiedlich aus.

Wenn wir wissen, was uns gut tut, dann sind wir schon gut dabei. Denn für viele Menschen ist es gar nicht selbstverständlich, dass sie wissen, was gut ist und was ihnen eigentlich gut tun würde. Das zieht sich durch alle Altersschichten hindurch: Die Jugendlichen zum Beispiel müssen erst einmal einen Überblick bekommen, was es alles so gibt im Leben. Und sie müssen dann ausprobieren, was ihnen davon gut tut und was eher nicht. Für die Eltern ist das oft eine schwierige Übung: Irgendwann die Kinder loszulassen und sie ihre eigenen Erfahrungen machen zu lassen mit Alkohol, Weltanschauungen, Sexualität. Eigene Erfahrungen machen, was gut ist – das kann kein Unterricht ersetzen, und sei er noch so pädagogisch wertvoll. Da helfen auch keine gut gemeinten Ratschläge, die oftmals wie „Schläge“ wirken.

Wer weiß, was ihm oder ihr gut tut, der kennt sich selbst, der kennt seine eigenen Stärken und Grenzen. Mir ist es wichtig, dem nachzuspüren, auf meine innere Stimme zu hören, die im Lärm des Alltags oft leicht untergeht. Sie wird mich daran erinnern, was gut ist: Das ich mein Leben lebe, dass ich den Kontakt zu meiner Mitte nicht verliere, zur Quelle, dass ich meiner Sehnsucht Raum gebe.

Dem dänischen Philosophen und Theologen Sören Kierkegaard (1813-1855) wird das Wort zugeschrieben: „Leben muss man das Leben vorwärts, aber verstehen kann man es nur rückwärts.“ Wer Dunkelheiten, Erschütterungen und seelische Erdbeben erlebt, kann noch nicht gleich verstehen. Er muss erst einmal nach vorne leben, bis irgendwann einmal der Zeitpunkt kommt, wo eine Rückschau möglich wird: eine Rückschau auf die eigenen Wege und auf Gottes Wege mit mir. Und dann mag ich dankbar sagen können: Das Leben, Gott meint es gut mit mir!

**Etwas zum Nachdenken, Nachsinnen, Nachspüren ...**

## 41. Die Sprache des Glaubens erlernen

Es wird viel gesprochen, viele Worte fallen. Per Handy, E-Mails und Facebook kommunizieren wir mit der ganzen Welt, machen viele Worte – aber was sagen wir eigentlich Wesentliches? Allerdings – über den Glauben zu sprechen, scheint ein Vorhang der Tabuisierung gezogen zu sein. Und dementsprechend haben wir, nein, ich muss sagen, habe ich keine Übung darin, Glaubensfragen überzeugend zu beantworten.

Ich komme mir manchmal vor wie eine Schulanfängerin. Ich habe das Gefühl, jetzt habe ich es endlich verstanden, habe eine Ahnung davon bekommen, was und wie Gott ist, wer er sein könnte, hat mein Verstand mir eine logische Erklärung gegeben. Doch wie schnell ist alles wieder nicht verstehbar, greifbar, können einfache Fragen alles wieder in Frage stellen. Ich habe keine Antwort, jedenfalls keine Antwort, die in mir (und somit auch bei anderen) Bestand hat.

Mehr und mehr komme ich zu der Überzeugung, dass wir es wieder lernen müssen, oder überhaupt erst anfangen müssen, über unseren Glauben zu sprechen, Fragen in Worte zu fassen.

Die kleine Carlotta, mit ihren sieben Jahren hat mich vor Weihnachten tief beeindruckt. Sie hat tiefe Fragen gestellt, nachgehakt - eine kleine Philosophin, die auch hinter dem Vordergründigen etwas gesehen hat. Ich musste 50 Jahre alt werden, um zur Philosophie, um zur Liebe zur Weisheit zu kommen und spüre, diese Fragen lassen mich nicht los, suchen nach einer Antwort, machen mein Herz unruhig.

Es ist eine Sache, zu glauben, für sich, privat und es ist eine andere Sache miteinander darüber ins Gespräch zu kommen, ja sogar Fremden zu erzählen, was mich gerade in Bezug auf Jesus Christus bewegt. Aber genau das ist so wichtig in unserer Zeit: von ihm zu erzählen. Wir dürfen die Sprache des Glaubens nicht verlernen. Wir müssen ausdrücken lernen, wo und wie Gott heute in meinem Leben wirkt und spricht; wie ich ihn höre und wie ich ihn vermisse; wie mich Gott überrascht und enttäuscht.

Und – eines ist sicher: der heutige moderne Mensch will angesprochen werden, will ins Gespräch gezogen werden, er will ernst genommen werden mit seinen Problemen und nicht einfach mit frommen oder abgegriffenen Floskeln „abgespeist" werden.

Ein letzter Gedanke: In all den Sprachlosigkeiten unserer Zeit, in der verlorenen Sprache von Menschen, die sich entfremdet haben, in der verlorenen Glaubenssprache, da das Glaubenswissen immer mehr schwindet oder andererseits in den Wörterfluten, die uns täglich fast untergehen lassen, im Stimmengewirr der Medien, der Talkshows, der Dauergespräche und Monologe: Eines ist wichtig, vom Glauben sprechen, reden, ja – aber nicht zu ihm überreden!

*Als mein Gebet*
*immer andächtiger und innerlicher wurde,*
*da hatte ich*
*immer weniger und weniger zu sagen.*

*Zuletzt wurde ich ganz still.*

*Ich wurde,*
*was womöglich noch ein größerer Gegensatz*
*zum Reden ist,*
*ich wurde ein Hörer.*

*Ich meinte erst,*
*Beten sei Reden.*
*Ich lernte aber,*
*dass Beten nicht bloß Schweigen ist,*
*sondern Hören.*

*So ist es;*
*Beten heißt nicht:*
*sich selbst reden hören;*
*Beten heißt:*
*still werden und still sein*
*und warten,*
*bis der Betende Gott hört.*

*Sören Kierkegaard (1813-1855)*

**Etwas zum Nachdenken, Nachsinnen, Nachspüren ...**

## 42. Ge-DANKEN!

Wieder einmal ein Tag, gefüllt mit sehr vielen Gedanken, die wie Nebel den Tag verschleiert haben. Viele kleine und große „Gedankenbaustellen“ haben dazu geführt, dass ich nicht frei denken konnte, Worte konnten nicht fließen. Mir ist es schwer gefallen aus diesem Gedankenkarussell auszusteigen, die Schallpatte auszustellen und mich aus meiner Selbstumkreisung zu lösen.

Heute Morgen fahre ich den Computer hoch, schreibe das Wort „Gedanken“ und mir fällt nur das Wort „Danken“ ins Auge. Um wie viel leichter fühlt sich das Leben plötzlich an, wenn ich einfach einen anderen Blickwinkel bekomme! So schreibe ich nun einen Impuls: „GeDANKEN“ zum Thema „DANKEN“!

„Danken“ und „Denken“ haben einen gemeinsamen Wortstamm, gehören zusammen, ja sind aufeinander bezogen. Wer an jemanden oder an etwas in guter Weise denkt, spürt ein Bedürfnis, dies als Dank auch auszusprechen, es in Worte zu fassen oder zu zeigen. Wer dankt, ist zufrieden mit dem eigenen Leben, versteht anzunehmen, was geworden ist und was kommen mag. Dank ist dann mehr als nur ein kurzes Gefühl oder ein Wort, das uns wie selbstverständlich von den Lippen geht.

Wir brauchen nur zu schauen, um unendlich viel zu entdecken, wofür wir danken können. Dankbar darf ich auf die Menschen schauen, die mich begleiten und stärken, für geschenkte Begegnungen, die mich prägen, nachdenklich machen oder aber beflügeln um neue Wege zu gehen. Dankbar darf ich auf die vielen Situationen blicken, in denen Gott mich mit seiner Nähe beschenkt hat, wo tiefe Freude spürbar war, wo ein Begreifen seiner Liebe erfahrbar wurde, wo ich eine Verbundenheit in der Gemeinschaft von Glaubenden spürbar war.

Wahrscheinlich kennt jeder von uns aber auch Situationen und Lebensumstände, die eher verzweifeln lassen, wo einem nicht zum Danken zumute ist. Aber vielleicht lässt uns die Hoffnung, das Vertrauen, dass „in der Mitte der Nacht der Anfang eines neuen Tages liegt" diese Leidensstrecke überdauern.

Ohne ein Gefühl der Dankbarkeit nehmen wir täglich die Dienste unzähliger Menschen in Anspruch und denken nicht daran, wie sehr wir auf sie angewiesen sind. Wer denkt, dankt – geht nicht ge-danken-los vorüber!

Blicken wir doch auf die Ernte des vergangenen Jahres zurück und schauen dankbar auf das, was in diesem Jahr in uns gewachsen ist und was es für den eigenen Lebensweg bedeutet und sagen einfach mal DANKE!

**Etwas zum Nachdenken, Nachsinnen, Nachspüren ...**

## 43. Lobpreisschale

Es ist manchmal eigenartig, wie Texte und Bilder mich berühren, wie sie mich mit Menschen in Verbindung bringen. Lob, Dank, Freude und Lobpreis; Menschen, Begegnungen, Gespräche, Entwicklungen, Wendungen ... vieles gibt mir Grund, dankbar zu sein. Ich darf immer wieder dankbar zum Ausdruck bringen, wie mein Leben „geführt“ wird – immer zum richtigen Zeitpunkt.

Ja, die wertvolle Erfahrung, dass Leben neben Freude immer auch Schmerz und Dunkelheit beinhaltet, wandelt sich rückblickend zu der Erkenntnis, dass auch die dunklen Zeiten ihr Gutes hatten. Ich habe gelernt, meine Vergangenheit ohne Groll zu betrachten und manches mit Trauer im Herzen, vieles in dankbarer Erinnerung zu halten.

Ich denke an wichtige und wertvolle Wegbegleiter, an Menschen, die dazu beigetragen haben, dass ich ein Leben in Fülle leben darf, die mich begleitet haben und mir ihre Zeit geschenkt haben. Freunde und Freundinnen, die zu meinem Leben gehören, die mich in meinem Anderssein achten und mich nicht in ihre Vorstellungen zwingen wollen. Mit denen ich feiern und lachen kann, die da sind, wenn die Tage nebelverhangen sind und Lichtblicke am Horizont nicht mehr wahrgenommen werden.

Mit Dankbarkeit blicke ich auf Beziehungen und Begegnungen zurück, auf Menschen, die mir wichtige Weggefährten im Glauben geworden sind, die mit mir gehen, die suchen, fragen, hinterfragen, die mir Anstöße geben, auch im Glauben zu wachsen und mit einer inneren Freiheit und einer tieferen Einsicht helfen zu sehen und besser zu verstehen, mit dem Herzen zu verstehen. Das ist für mich ein unglaubliches Geschenk! All diese Erfahrungen darf ich dankbar in meine „Lobpreisschale“ füllen.

Lobpreisschale - das erinnert mich auch an das Magnifikat von Maria und das Benedictus des Zacharias, mir fällt dabei auch ein Lied ein:

„Dass Du mich einstimmen lässt in Deinen Jubel, o Herr,
deiner Engel und himmlischen Heere,
das erhebt meine Seele zu dir, o mein Gott;
großer König, Lob sei Dir und Ehre!" [5]

Nun, es gibt Momente, wo Himmel und Erde sich berühren, wo ER mich berührt, wo Gottes Gegenwart erfahrbar wird – ganz konkret – und diese Erfahrung möchte ich an manchen Tagen in alle Welt hinausposaunen. Auch wenn es sich gar nicht in Worte fassen lässt, wenn es sich nur beschreiben lässt als tiefe Rührung, als eine Ergriffenheit – kostbar, wertvoll, heilig – so empfinde ich diese Erfahrungen.

[5] Gotteslob; Katholisches Gebet- und Gesangbuch; Nr. 389; Aschendorff Verlag, 2013.

## Etwas zum Nachdenken, Nachsinnen, Nachspüren ...

### 44. Leiden-schaftlich leben!

Die Jünger stellen Jesus einmal die Frage: „Für wen haltet ihr mich?“ (Mt 16,13). Was würden wohl für Antworten kommen, wenn ich eine Meinungsumfrage starten würde? Beim Nachsinnen über diese Frage, kam ich ins Stolpern.

Für wen werde ich eigentlich gehalten? Wie sehen mich die anderen? Was denken die anderen von mir? Wie wirke ich auf andere? In welche Schubladen werde ich gesteckt? Welchen Erwartungen muss ich entsprechen? Viele Fragen und Gedanken tauchen auf. Rollen spielen, Masken aufsetzen, leben, so wie es andere von mir erwarten – davon nehme ich mehr und mehr Abstand, auch wenn es nicht immer einfach ist, für mich nicht und auch nicht für die anderen, die es mit mir zu tun haben.

Verändern kann nur ich mich, und diese Veränderung beginnt für mich dort, wo ich meine Fragen zulasse, mich auf die Suche begehe, wer ich eigentlich bin, zugeben kann, dass ich Sehnsucht habe nach einem Leben in Fülle, nach einem „Mehr“. Den vielfältigen Ansprüchen zu genügen ist anstrengend und versperrt mir die Sicht, den Zugang an Spontanem, an Lebensfrohem, an Eigenem. Das heißt auch für mich, meinen inneren Antreiber kennen zu lernen und dabei dem auf die Spur zu kommen, was ich eigentlich wirklich leben will? Was gibt wirklich Sinn? Was will ich wirklich?

Leidenschaftlich leben ... Und wieder bleibe ich bei einem Wort hängen – leidenschaftlich leben ... Leidenschaft ohne Leid, ohne Leiden gibt es nicht. Zum Leben gehören Höhen und Tiefen, Verletzungen und Wunden, gehört das Kreuz, die Annahme der Grenzen des Lebens. Leidenschaftlich leben, das bedeutet die Fülle des Lebens, die Ganzheit meiner eigenen Existenz zu erfahren und authentisch, echt das zu leben, was in mir verwirklicht werden möchte.

Für wen haltet ihr mich ... in mir wirkt diese Frage noch nach und lässt mich nicht los. Vielleicht ist er der, der mich nicht loslässt? Was bedeutet er für uns, für dich, für mich?

Auf jeden Fall war Jesus ein zutiefst leiden-schaftlicher Mensch, davon bin ich überzeugt und so höre ich das heutige Evangelium für mich als Aufruf, dem Leben zu trauen, mit all den Höhen und Tiefen, den lichtvollen Tagen und der Dunkelheit, der ich mich immer wieder zu stellen habe und leiden-schaftlich zu leben.

Und wie unser Leben dann aussehen könnte, möchte ich zum Schluss mit einem Text von Joseph Beuys veranschaulichen. Vielleicht mag nicht alles zutreffen, kann nicht alles verwirklicht werden – möge die freie Zeit, die Ferien- und Urlaubszeit, die Zeit der Erholung und Entspannung ein wenig dabei helfen, das wünsche ich uns allen.

*Lass dich fallen, lerne Schlangen zu beobachten.*
*Pflanze unmögliche Gärten.*
*Lade jemanden Gefährlichen zum Tee ein.*
*Mache kleine Zeichen, die "ja" sagen*
*und verteile sie überall in deinem Haus.*
*Werde ein Freund von Freiheit und Unsicherheit.*
*Freue dich auf Träume.*
*Weine bei Kinofilmen.*
*Schaukle so hoch du kannst mit einer Schaukel bei Mondlicht.*
*Pflege verschiedene Stimmungen.*
*Verweigere dich, verantwortlich zu sein – tu es aus Liebe!*
*Mache eine Menge Nickerchen.*
*Gib Geld weiter. Mach es jetzt. Es wird folgen.*
*Glaube an Zauberei, lache eine Menge.*
*Bade im Mondschein.*
*Träume wilde, fantasievolle Träume.*
*Zeichne auf Wände.*
*Lies jeden Tag.*
*Stell dir vor, du wärst verzaubert.*
*Kichere mit Kindern, höre alten Leuten zu.*
*Öffne dich, tauche ein. Sei frei. Preise dich selbst.*
*Lass die Angst fallen, spiele mit allem.*
*Unterhalte das Kind in dir. Du bist unschuldig.*
*Baue eine Burg aus Decken. Werde nass. Umarme Bäume.*
*Schreibe Liebesbriefe…*
*Joseph Beuys (1921-1986)*

**Etwas zum Nachdenken, Nachsinnen, Nachspüren ...**

## 45. Gott umarmt uns durch die Wirklichkeit

„Gott umarmt uns durch die Wirklichkeit“ – dieser Satz geht mir nicht aus dem Kopf. Den Anderen, mich selbst, alle Wirklichkeit so nehmen, wie sie ist, in ihrer Wahrheit; nicht so wie ich sie gerne hätte. Die Wirklichkeit nicht auf meinen Blickwinkel reduzieren. Offen sein für das, was sich zeigen will; nicht suchen, sondern sich finden lassen – ja, so durfte ich Gottes Wirken in der letzten Woche wahrnehmen.

Das sehe ich jetzt ganz deutlich. Es ist schon phänomenal, wie ich immer wieder von Gottes Heiligen Geist berührt werde, getroffen werde, wie ich begleitet werde und Erfahrungen machen darf, die Seine Gegenwart in mir lebendig werden lässt. Ich muss nur Geduld haben, abwarten – und es wird mir gezeigt, was Er mit mir vorhat.

Wenn ich auf mein Leben zurück blicke, bin ich immer geführt worden, trotz aller Krisen und dunkler Stunden darf ich sagen: Gott hat es gut mit mir gemeint! Darauf darf ich bauen, darf ich mich verlassen!

Denn so ist Gott nun einmal: Der Gott, der uns immer wieder überrascht, beschenkt und uns völlig neue Horizonte eröffnet. Gott beschenkt uns mit der Wirklichkeit, denn unsere Wirklichkeit ist seine Wirklichkeit.

Wie gut kann es in solchen Zeiten sein, Worte von Gott zu hören: Fürchte dich nicht! Oder: Ich will dich segnen und du wirst ein Segen sein. Oder auch: Ich bin bei dir alle Tage bis an das Ende der Welt. Oder die wunderbaren Worte: Gott umarmt uns durch die Wirklichkeit. Worte, die wirken, die in mir wirken und Vertrauen und Mut schaffen. Mit solchen Worten im Lebensgepäck sind auch Aufbrüche zu neuen Ufern möglich – davon bin ich überzeugt!

*lass mich eintauchen*
*in die wirklichkeit meines alltags*
*die mich*
*hier und jetzt umgibt*

*erfülle mich*
*mit vertrauen und geduld*
*berühre mich mit den flügeln*
*deiner beharrlichkeit*
*in aller stille und in aller unruhe*

*lass mich dankbar*
*deine umarmung annehmen*
*und an mir geschehen lassen*

*öffne mein herz für dein wehen*
*und bereite den boden*
*für all das neue*
*das in mir und*
*durch mich wachsen will*

*umarme mich*
*du zärtlicher gott*
*und schenke mir dein wort*
*immer wieder*

*segne mich*
*damit ich ein segen bin*
*und mit zärtlichen händen*
*und einem hörenden herzen*

***mit offenen augen***
***und mutigen schritten***
***den weg gehe***
***der mir gezeigt wird***

***in ein neues***
***unbekanntes land***
***jenseits***
***von vertrautem und bekanntem***

## Etwas zum Nachdenken, Nachsinnen, Nachspüren ...

### 46. Seiner Intuition (ver)trauen

Immer wieder gilt es Entscheidungen zu treffen, kleinere und größere, manche treffen wir mehr oder weniger spontan. Wir wissen oft selber nicht genau, warum wir uns für das und gegen etwas anderes entschieden haben. Unser Leben ist davon geprägt, Entscheidungen zu treffen, ob wir wollen oder nicht und mit den größeren, den Lebensweg stark beeinflussenden Entscheidungen tun wir uns manchmal sehr schwer.

Wir alle habe die Erfahrung gemacht, wie groß die Erleichterung ist, wenn man sich endlich mal entschieden hat und dennoch fällt es uns schwer, und wir verschieben endlos, wägen ab, sondieren, halten uns alles offen. Dafür – sagen Psychologen – gibt es drei Gründe: die Macht der Gewohnheit, das Streben nach Perfektion, die Angst vor Konsequenzen.

Jedoch – wir sind nicht einfach vernunftgesteuerte Wesen; Intuition ist eine besondere Form des Wissens. Sie hat etwas mit unseren Erfahrungen zu tun und mit dem, was wir gelernt haben. Und sie ist verbunden mit unserem inneren, tieferen, oft unbewussten Wissen: Entscheidungen treffen, ohne die Zusammenhänge dafür ausdrücklich zu verstehen; aus dem Bauch heraus handeln, obwohl der Kopf eine andere Entscheidung nahelegt. Dank dieses Erfahrungswissens können wir manche Dinge mit Leichtigkeit lösen, Entscheidungen ohne viel Nachdenken treffen – uns fehlt in diesen Momenten lediglich die rationale Begründung dafür.

Wir verwenden für diese „innere Weisheit“ Begriffe wie „Intuition“ oder „emotionale Intelligenz“. Sowohl für Weisheit als auch für Intuition und emotionale Intelligenz gilt: Sie lassen sich nicht mit reiner, rationaler Logik begründen. Und trotzdem wissen wir, dass in vielen Lebenssituationen Weisheit, Intuition und emotionale Intelligenz weiter helfen als reines, rationales Denken.

Unserer inneren Weisheit eine Stimme geben, obwohl sie eher leise ist und oft rasch wieder verklingt, das ist gar nicht so einfach, so empfinde ich es jedenfalls. Der Lärm fremder Meinungen übertönt oft diese inneren Impulse und ich habe die Erfahrung gemacht, dass ich schnell den Mut, meinem Herzen und meiner Intuition zu folgen, verliere. Ich nehme dann nur noch das „aber“ wahr – und es gibt immer ein „aber“, einen Einwand; es findet sich immer ein „Haar in der Suppe“; es machen sich immer Gedanken, Hemmnisse, Ängste in uns breit, die Entscheidungen erschweren, die Veränderungen blockieren.

Wie oft habe ich schon eine Verstandesentscheidung bedauert, und gesagt: „Ich habe es geahnt“, oder eigentlich wusste ich, welche Entscheidung ich zu treffen habe, ich wollte es nur nicht wahrhaben. Wie oft folgen wir dem Verstand, um hinterher festzustellen, dass das Bauchgefühl stimmiger war? Der Verstand wird den Impuls, die Eingebung oder die leise innere Stimme in Sekundenbruchteilen nachdem wir sie wahrgenommen haben, aufnehmen und anfangen zu analysieren und Gründe dafür und dagegen aufstellen, Einwände und Zweifel aufzeigen und Angst vor den Konsequenzen entwickeln.

Es geht nicht darum, berechtigte Einwände abzuschmettern, Vor- und Nachteile abzuwägen, aber – und dieses „aber“ ist ganz positiv gemeint – aber irgendwann muss ich mich durchringen zu einem klaren, entschiedenen Ja ohne Wenn und Aber; in meinen Entscheidungen, in persönlichen zwischenmenschlichen Beziehungen.

Folgende Fragen bewegen mich: Welche Bedeutung hat die innere Stimme für mich? Weiß ich, was ich wirklich will? Welche Entscheidungen muss ich für mein Leben treffen? Was ist meine Bestimmung? Vielleicht sind es auch Eure Fragen und ich möchte ermutigen, die innere Stimme wahrzunehmen und hören, was sie sagen will. Vielleicht werde ich plötzlich mit meinen inneren Träumen und Sehnsüchten konfrontiert?

Und – letztlich darf ich darauf vertrauen, dass da Einer ist, der mein Leben führt und begleitet, das er wirkt – so wie er es für gut und richtig hält!

***mutig wagen***
***mich auf unbekanntes***
***neues einlassen***
***meine überzeugungen leben***
***meiner intuition trauen***
***meiner sehnsucht folgen***
***mich leiten lassen***
***neugierig schauen***
***was sich mir zeigt***
***im wissen darum***
***geborgen und gehalten***
***auf immer und ewig***

**Etwas zum Nachdenken, Nachsinnen, Nachspüren ...**

## 47. Heilige Vielfalt

Beim Eintragen von Terminen in meinem Kalender, spürte ich, dass mir einige Termine mit Treffen und Begegnungen ganz wichtig, ganz heilig sind. Heilig – und bei diesem Wort bin ich dann hängengeblieben. Das Wort „heilig“ wird heute schon fast inflationär gebraucht. Wenn man Menschen fragt, was ihnen „heilig“ ist, dann ist von Überzeugungen die Rede, von Menschen und Dingen. Dem einen ist seine Beziehung heilig, der andere nennt konkrete Menschen und für andere ist es irgendein wichtiges Erinnerungsstück, das er in Ehren hält.

Es gibt viele Gegenstände, die mir wichtig und heilig sind ... ich denke dann an eine kleine Puppe von meiner verstorbenen Schwester, ich sehe vor mir ein kleines Teelicht von einem intensiven Seminar auf Lanzarote, ich habe vor meinen Augen ein Franziskus-Kreuz von den diesjährigen Kar- und Ostertagen. Ja – in diesen Gegenständen bündelt sich etwas, das für mein Leben wichtig war, die Erinnerungen lebendig werden lassen.

Es sind jedoch nicht nur Dinge, die mir heilig sind, sondern es sind gerade auch Menschen, die für bestimmte Phasen meines Lebens sehr wichtig waren, mir ganz „heilig“ sind. Es sind Menschen, die mit dem Herzen hören und sehen, die Zuversicht ausstrahlen und ein wenig „Heil“, „Heiligkeit“ spürbar machen.

Weiter gehen meine Gedanken bei dem Stichwort „heilig“ dahin: Heilig zu sein, war in meiner Jugend eher ein Schimpfwort. „Der ist vielleicht heilig!“ verächtlich ausgesprochen, bedeutete vieles: Spaßbremse, Besserwisser zu sein, jemand, der die Einhaltung der Regeln über alles andere stellt.

Wenn Begriffe wie heilig und selig in uns lebendig werden, denken wir vielleicht an Personen, die weit weggerückt von unserem Leben sind, jene Heilige wie der Hl. Nikolaus, die Hl. Elisabeth oder der Hl. Martin. Vielleicht war es das Besondere der damaligen Zeit, die „Heiligkeit“ jener Menschen in einer Weise darzustellen, die sie von unserem Leben sehr weit entfernt scheinen lassen. Die Legenden haben mich in meiner Kindheit gefesselt und fasziniert – heute, rückblickend muss ich sagen, dass für mich „Heilige“ irgendwie „nicht von dieser Welt“ waren, himmlische Wesen, irgendwie nicht zu erreichen, als Vorbild konnten sie mir nicht dienen, waren sie doch so ganz anders.

Ganz sicher gibt es diese Personen, durch die hindurch wir etwas wahrnehmen können von der Liebe Gottes, von seiner Barmherzigkeit oder seiner Treue. Und vielleicht sind auch wir – manchmal – für andere so ein „Heiliger“, so eine „Heilige“ und trotzdem ganz von dieser Welt.

Geht man von der Wortbedeutung aus, so hat Heil – also auch heilig – immer etwas mit ganz sein zu tun. Im Neuen Testament kommt stark auch noch die Bedeutung: heilig = von Gott berufen dazu. Gott bietet uns sein Heil an, damit wir heil werden, ganz werden, also so werden, wie er uns gedacht hat, im Einklang mit uns leben: Werde, der du bist! Es geht also bei Heiligkeit nicht um fromme Verrenkungen oder Selbstverleugnung, nicht um ein Ausnahmeleben, das als Ziel jedem normalen Menschen zu hoch sein muss. Sondern es geht wohl eher darum, immer mehr zu sich selbst finden, immer mehr im Einklang mit sich selbst zu leben.

Vielleicht kann uns das Fest Allerheiligen ermutigen, unseren Weg zur Heiligkeit zu gehen, als Menschen, die den Mut haben, anders zu sein, die vielleicht auch mal einen ganz anderen Weg gehen, die sich nicht anpassen an den Zeitgeist. Manche Heilige sind viel näher als wir meinen, sie sind nicht fern und hoch auf einem Sockel zu finden – manchmal stehen sie neben dir!

## Etwas zum Nachdenken, Nachsinnen, Nachspüren ...

### 48. End – lich leben

END - LICH LEBEN – auf dieses Wort bin ich diese Tage gestoßen und es hat mich zum Nachdenken gebracht. Ich kann es zum einen lesen ... wie endlich leben! Aufatmen und endlich leben, richtig leben!

Oder – Endlich leben .... leben, mit dem Blick auf meine Endlichkeit. Und dann fallen mir Stichwörter wie Abschied-Nehmen, Loslassen, Tod ein.

Loslassen können ist eine Form der Anpassung an ein Ereignis oder eine Situation. Wir akzeptieren, dass uns etwas widerfahren ist, das unseren Wünschen widerspricht. Das können kleine Ereignisse wie z.B. eine Kränkung, ein Fehler oder die Nichterfüllung eines Zieles sein. Das kann bedeuten, Abschied nehmen, von einer Tätigkeit, von Liebgewonnenes, von Kollegen, von Freunden. Loslassen kann auch beinhalten, dass wir Abschied nehmen von Lebensplänen. Trennung, Tod, Krankheit, Älterwerden oder ein Unfall können uns zu einer Veränderung des bisherigen Lebens zwingen.

Abschied-Nehmen und Loslassen fällt mir sehr schwer, das erlebe ich gerade hautnah. Etwas zu verlieren, etwas aufgeben zu müssen, das verursacht Angst, Unsicherheit; ein Gefühl von „es nicht akzeptieren wollen" macht sich breit. Es ist als wenn ein innerlicher Kampf stattfindet, als wäre meine ganz Existenz bedroht und alles wird plötzlich infrage gestellt.

Loslassen, das heißt die Bereitschaft, zu akzeptieren, dass die Dinge nicht immer so laufen, wie wir es gerne hätten; zu akzeptieren, dass andere Menschen sich nicht immer so verhalten, wie wir es uns wünschen; die Erkenntnis, dass Loslassen weder gutheißen, noch kapitulieren bedeutet.

Abschied-Nehmen ist etwas, das wir unser Leben lang in immer neuen Situationen durchleben. Abschied-Nehmen heißt, etwas Gewohntes und Vertrautes loszulassen und sich dem Neuen, oft Unbekannten zu öffnen: Nach jedem schönen, freudigen Ereignis kommt auch wieder der leidige Alltag, nach jedem Fest gehen wir wieder auseinander. Loslassen und Abschied-Nehmen begleiten uns das ganze Leben.

Einfach loslassen ... Einfach? – Nein, oft ist es nicht einfach – diese Erfahrung habe ich jedenfalls gemacht. Jedoch, je mehr wir lernen, loszulassen und gleichzeitig Unerwartetes und Neues zuzulassen, desto gelassener werden wir und desto freier und intensiver können wir das Leben leben – endlich leben!

Es gibt keinen Neuanfang ohne den Abschied von Altem oder anders ausgedrückt: Das Tröstliche ist wohl: In jedem Abschied wohnt ein neuer Anfang. Und - diese Erfahrung kann uns ermutigen, Abschied zu nehmen in der Hoffnung und Zuversicht, Neues entsteht, kann wachsen und letztlich leben wir auf unsere Endlichkeit hin ... um ein neues Leben in Fülle zu bekommen!

## Etwas zum Nachdenken, Nachsinnen, Nachspüren ...

### 49. Novembergedanken

Wieder neigt sich ein Jahr dem Ende zu, ein neues Kirchenjahr beginnt in Kürze. Der Kalender für den Monat Dezember füllt sich seit Tagen, obwohl ich mir wieder einmal vorgenommen habe, die Adventszeit mit mehr Ruhe und mehr Zeit für mich zu verbringen. Der Terminkalender hat mich im Griff, die Zeit rast davon und ich komme kaum hinterher, und das Gefühl, gelebt zu werden und nicht wirklich zu leben.

Es sind so richtige „Novembergedanken", die mich seit Tagen begleiten. November – das richtige Wetter dazu, trübes Wetter, trübe Gedanken. Fragen nach dem Sinn des Lebens und des Sterbens tauchen auf. Ich habe eine Siebzehnjährige vor Augen, die verzweifelt und voller Trauer über den Tod ihres Freundes ist – kann ich mit ihr die richtigen Antworten finden, obwohl ich auch sprachlos bin? Reicht das einfach nur „Da-Sein", ohne Worte? Nur mitfühlendes Verstehen oder auch Nicht-Verstehen?

Novembergedanken ... Fragen, die sich in mir breit machen und wie es der „Zufall" will lese ich die Zeilen „Lebe Dein Leben, sonst zieht es vorbei" ... oder ich höre in der Predigt über den Heiligen Martin „Er fürchtete sich nicht zu sterben und er weigerte sich nicht zu leben" ... Lebe ich wirklich mein Leben? Das, was sich in mir entfalten möchte?

Der geistliche Schriftsteller Thomas Merton (1915-1968) schreibt:

„Wenn du mich kennen willst,<br>
frag nicht,<br>
wo ich lebe;<br>
oder was ich esse; oder wie ich mein Haar kämme;<br>
sondern frag mich,<br>
wofür ich lebe, genau im Einzelnen,

und frag mich,
was nach meiner Meinung mich davon abhält,
völlig die Sache zu leben,
für die ich leben will.“[6]

„Frag mich, wofür ich lebe!“ Diese Frage hat mich getroffen. Darf ich diese Frage Ihnen/Dir stellen?

Im Trubel des Alltags verlieren wir unser Innerstes nur allzu leicht aus dem Blick. Gerade in der Lebensmitte – so erlebe ich es jedenfalls – in der Konzentration und Einsatz nach allen Seiten gefordert sind, stellt sich die Frage, wo das Ur-Eigene eigentlich geblieben ist oder sich vielleicht ganz neu zeigt. Führen wir wirklich das Leben, das wir uns erträumen und wünschen? Machen wir das Beste aus unseren Möglichkeiten und Anlagen? Ist das Leben für uns eine reizvolle und lohnende Aufgabe, der wir uns gern und ganz bewusst widmen? Oder gleitet unser Dasein relativ beliebig und austauschbar, von äußeren Einflüssen und Sachzwängen gesteuert, etwas träge dem unabwendbaren Ende entgegen?

Ich bin der festen Überzeugung, dass jeder Mensch seine wahre Bestimmung in sich selbst trägt. Diese ganz persönliche Berufung gilt es zu finden, mit Achtsamkeit und individuell und kreativ auszuprägen. Und – soll das ‚Gesamtkunstwerk‘ meines Lebens gelingen, brauche ich immer wieder Abstand, Ausgleich und Besinnung; brauche ich Zeiten der Ruhe, um eine innere Balance wieder herzustellen; brauche ich auch die Novembertage, damit Gedanken Raum und Zeit haben, sich diesen Fragen zu stellen. „Frag mich, wofür ich lebe!“ Vielleicht brauchen wir den November ... offensichtlich erfahren wir erst im Mangel, was wirklich trägt, was wirklich wichtig ist. Es ist November. Alles ist trübe, kärglich. Es gibt wenig – nur viel Laub, viel Regen, viel Dunkelheit. Aber manchmal ist wenig wirklich mehr.

[6] In: Sölle, Dorothee: Mystik und Widerstand; Kreuz Verlag, 2014.

## Etwas zum Nachdenken, Nachsinnen, Nachspüren ...

### 50. Fürchte dich nicht!

„Fürchte dich nicht, es blüht hinter uns her“ – diese Worte der Lyrikerin Hilde Domin (1909-2006) haben mich sehr berührt. Wie schön, wenn es hinter uns her blüht, wenn unsere Samen, die wir gesät haben, aufgehen und zur vollen Blüte entfalten und sich Menschen daran erfreuen und bereichern können.

„Fürchte dich nicht!“ – durch die ganze Bibel zieht sich diese Aufforderung. Diese Worte hört im Neuen Testament Maria den Engel sagen, der ihr ankündigt, sie werde Gottes Sohn zur Welt bringen. Und ebenso hören die Hirten in der Weihnachtsgeschichte wie die Frauen am leeren Grab Jesu? "Fürchtet euch nicht!" Jesus spricht so den Fischer Petrus an: "Fürchte dich nicht! Von nun an wirst du Menschen fangen" (Lk 5,10). Den Apostel und Missionar Paulus ermutigt in Griechenland eine nächtliche Vision "Fürchte dich nicht, sondern rede und schweige nicht!" (Apg 18,9).

Wir alle haben auch immer wieder Angst, fürchten uns: Dass wir den Boden unter den Füßen verlieren, dass wir zu kurz kommen, dass wir etwas verpassen. Angst, dass wir versagen und dem nicht gerecht werden, was von uns erwartet wird. Angst vor Krankheit und Alter, Angst um die Kinder und deren Zukunft.

Ich denke dabei vor allem an meinem bevorstehenden Abschied von meiner bisherigen Tätigkeit, der schmerzt, der mich unruhig macht, und trotz der Vorfreude machen sich auch Ängste und Befürchtungen bemerkbar, das kann ich nicht leugnen.

„Fürchte dich nicht, es blüht hinter uns her“ – ich muss mich nicht vor Menschen fürchten, auch nicht vor Anforderungen, die mich manches Mal fast zu erdrücken scheinen; ich muss nicht fürchten, zu kurz zu kommen, etwas zu verpassen; ich muss mich auch vor Neuanfängen nicht fürchten – ich darf gewiss sein: Er wird mich führen.

Für mich eine wunderschöne Formulierung, ein Bild, wenn es auf Menschen zutrifft, von denen ich sagen kann: Es blüht hinter ihnen her. Bei allem Bruchstückhaften in ihrem Leben, hinterlassen sie keinen Scherbenhaufen, im Gegenteil ... Es blüht hinter ihnen her. Sie hinterlassen uns die Blütenspur der Dankbarkeit, der Hoffnung, des Glaubens und der Liebe.

„Fürchte dich nicht, es blüht hinter uns her" – diese Worte von Hildegard Domin geben mir Hoffnung und Mut. Jede und jeder von uns kann die Samen säen für eine blühende und kollegiale Gemeinschaft, für eine bessere und solidarische Welt.

Bevor etwas zum Blühen kommen kann, benötigt es jedoch oftmals viel Geduld, Ruhe und Gelassenheit. Das wünsche ich uns allen, dass wir uns immer wieder Zeit geben, das Tempo zu beschreiten, das zu uns passt, uns weder von den inneren Ansprüchen noch von den äußeren Erwartungen nicht unter Druck setzen zu lassen.

Ein letzter Gedanke: Menschen, die ganz auf Gott setzen in ihrem Glauben und Leben, die tief darauf vertrauen, dass er es gut mit ihnen meint, die darüber keine Zweifel aufkommen lassen, von denen können wir sagen: „Es blüht hinter ihnen her"!

## Etwas zum Nachdenken, Nachsinnen, Nachspüren ...

### 51. Leuchtspuren hinterlassen

Viele Menschen haben unseren Lebensweg bis heute begleitet, werden ihn auch weiterhin begleiten. Mit manchen haben wir fast unser ganzes Leben verbracht, mit anderen sind wir nur eine kurze Wegstrecke gegangen. Manche Beziehungen haben sich bis heute durchgetragen, andere sind uns verloren gegangen. Aber all diese Begegnungen haben etwas dazu beigetragen, dass wir heute so sind, wie wir sind.

Mir tut es gut, wenn ich weiß, da ist jemand wie eine Schwester oder wie ein Bruder für mich und lässt mich wissen: Das kenne ich auch und es berührt mich mit und ich bin da, ja ich bin dir nahe. Wie wohltuend sind solche Beziehungen – sei es unter Freunden, unter Kolleginnen, in der Partnerschaft: Jemand, der genau hin hört, was mich im Innersten bewegt, jemand, mit dem ich sprechen kann und mit dem ich schweigen kann, jemand, der oder die mir treu zur Seite steht, die mit mir durch alle Schwierigkeiten und Nöte geht.

Da ist einer, der mich meint, der sich mir zuwendet, der mich anschaut, der sich um mich sorgt, der mich im Blick hat. Da ist eine, auf die ich mich verlassen kann und die mir zeigt: Du ich bin bei dir. Du kannst jederzeit kommen, wenn du mit mir sprechen möchtest.

Ich bin davon überzeugt, es gibt keine Zufälle, jede Begegnung hat so sein sollen. Dankbar kann ich heute sagen, ich bin den richtigen Menschen zu richtigen Zeitpunkten in meinem Leben begegnet und diese Menschen haben mich begleitet, mir Halt gegeben, mich angenommen, mir Zuwendung und Liebe geschenkt, Zeit, Leben und Glauben mit mir geteilt; mich gleichermaßen konfrontiert, mich ausgehalten, mich immer wieder ermutigt. Alle diese Menschen, alle Begegnungen haben Spuren bei mir hinterlassen, Leuchtspuren, die sich in mein Leben festgeschrieben haben.

## Etwas zum Nachdenken, Nachsinnen, Nachspüren ...

### 52. Alles hat seine Zeit!

„Alles hat seine Zeit“ (Koh 3,1-8) schreibt der bekannte Prediger Salomo im Alten Testament: „Eine Zeit zum Gebären und eine Zeit zum Sterben, eine Zeit zum Pflanzen und eine Zeit zum Ernten.“

Alles hat seine Zeit, das ist eine Einladung, den Augenblick zu genießen, ihn bewusst zu erleben, mit wachen Sinnen, so wie es ist. Wer diese Zeilen hört, spürt ebenso auch einen wehmütigen Unterton, alles hat seine Zeit, geht auch einmal zu Ende.

Wir brauchen Zeit, um Verlorenem nachtrauern zu dürfen, denn erst dann können wir uns dem Leben in all seiner Freude und Vielfalt wieder stellen. Wir brauchen Zeit, bis wir etwas Neues von uns in das Leben hineingeben können. Diese Zeit scheint manchmal wie eine „verlorene Zeit“ auszusehen, weil äußerlich zunächst keine gravierenden Veränderungen sichtbar sind. Und doch ist diese Zeit des Wachsens, des Wartens, des geduldigen Ausharrens von großer Bedeutung.

Wenn ich mein Leben betrachte, bin ich ganz schön konservativ: Ich habe bestimmte Rituale, meine Weihnachtsdekoration verändert sich seit Jahren nicht gravierend, ich lege Wert auf Traditionen und Bräuche – das ist schön und schenkt mir Sicherheit. Es tut gut, in einer hektischen Welt persönliche Sicherheiten zu erleben.

Gleichzeitig finde ich es jedoch auch wichtig, Neues zu probieren, um nicht im Alten zu ersticken. Traditionen wollen uns Sicherheit schenken, damit wir Energie für Neues haben. Und: Jede Tradition hat einmal als etwas Neues begonnen.

Aber wir dürfen nicht erwarten, das sich aus unseren augenblicklichen Gedanken zwingend von jetzt auf gleich etwas Neues entwickelt. Wenn es jetzt nicht sofort umgesetzt wird, wer weiß, was sich im nächsten Jahr für neue Räume entwickeln.

Manchmal brauchen wir viel Geduld, bis wir erfahren dürfen, dass sich all unsere Mühe letztlich doch gelohnt und unser Leben mit dem Gefühl von Sinn erfüllt hat. Manchmal brauchen wir auch den Mut, ein Risiko einzugehen und nicht immer „auf Nummer sicher" zu gehen! Geben wir uns dazu doch in dieser Adventszeit die Gelegenheit. „Alles hat seine Zeit ..." und diese Zeit sollten wir uns nehmen – immer wieder!

*Die Sehnsucht Gottes nach mir*

*und ich antworte*

*im Mitgefühl*
*im Annehmen meiner Selbst*
*Bedürftigkeit zeigend*
*mich nicht versteckend*
*hinter Fassaden und Masken*

*und ich antworte*

*mit dem Vertrauen*
*mich einzulassen*
*auf dieses Leben*
*mit all seinen Widersprüchen*
*mit all seiner Unvollkommenheit*
*im Überwinden von Hindernissen*
*mich dem Fluss*
*des Lebens anzuvertrauen*

*und ich antworte*

*mit meinen Gedanken*
*die nicht zur Ruhe kommen wollen*
*mit Gefühlen und Emotionen*
*die mich beunruhigen*

*und ich antworte*

*mit der Erkenntnis*
*was wirklich trägt*
*um staunend zu erkennen*
*wie Worte mich berühren*
*dein Brot mich stärkt*
*deine Gegenwart spürbar wird*
*leise*
*still*
*kaum wahrnehmbar*

*und ich antworte*

*mit meinen plötzlich auftauchenden*
*Zweifeln und Fragen*
*Du Gott – voll Sehnsucht nach mir?*

*und ich glaube*

*nur in der Stille*
*aus dem Lärm des Alltags*
*sich zurückziehend*
*in der Tiefe meines Herzens*
*werde ich dich berühren*

*du Gott,*

*der Mensch wurde aus*
*Sehnsucht*
*nach jedem einzelnen Menschenkind,*
*aus Sehnsucht nach mir*

***und ich bete***

***wecke in mir immer***
***wieder neu***
***die Sehnsucht nach dir***

***und ich höre die Worte***

***komm zu mir, ich liebe dich***
***ich habe Sehnsucht nach dir***
***weil ich dich geschaffen habe***
***und ich zeige mich dir***
***immer wieder!***

Printed by Books on Demand GmbH, Norderstedt / Germany